Ken Carey

Die Rückkehr der Vogelstämme

Ken Carey

Die Rückkehr der Vogelstämme

ch. falk-verlag

Aus dem Amerikanischen
von Christiane Sautter

Redaktion: Ch. Falk

Das für den Umschlag verwendete
Kunstwerk: *Shaman's Vision*
stellte freundlicherweise der Künstler
Keith Powell, Electric City, WA 99123,
738 4th Street, zur Verfügung.
Schriftgestaltung des Umschlags:
Manuela Rosenkind

Satz: Indragni, Ascheberg-Herbern
Druck: F. Steinmeier, Nördlingen

Printed in Germany
ISBN 3-924161-33-X

Inhaltsverzeichnis

TEIL EINS

TEIL ZWEI

für Sherry

Teil 1

Kapitel 1

Die Vogelstämme

Ich erinnere mich an den Tag, an dem ich über die offene Prärie schritt, den Kopf hoch erhoben, und meine Federn wehten im Wind. Die Soldaten konnten nur meine Silhouette sehen, die sich gegen den Himmel abzeichnete. Ich ging langsam mit ausgebreiteten Armen auf sie zu und hielt ihnen, zum Zeichen des Friedens, meine offenen Handflächen entgegen. Ich beobachtete, wie Wellen der Liebe meinen Händen entströmten, eine ebenso machtvolle Liebe, wie ich sie vor und nach Golgatha zum Ausdruck gebracht habe.

Die Soldaten erschossen mich.

Ich wußte, daß sie es tun würden.

Doch ihre Kinder sind mit meinen Lehren aufgewachsen, haben meinen Geist geliebt und genug von meinen schöpferischen Prinzipien verstanden, um zum Mond zu fliegen. Hätte ich eine andere Möglichkeit gehabt, sie zu lehren, als ihre Kugeln flogen und meine Federn in der Brise jenes Tages wehten? Hätte ich noch klarer sprechen können als durch das Beispiel meiner Taten?

Ich bin Millionen Tode gestorben und habe genauso viele Leben gelebt, um die Kriegerstämme zu lehren, was sie nicht anders gelernt hätten. Am Ende bin ich der Sieger, denn die Kriegerstämme verändern sich von Grund auf, während ich immer wieder aufsteige und sie und ihr Volk immer weiter voran ihrem Schicksal unter den Mitternachtssternen entgegenführe.

Ich lebe überall auf der ganzen Erde. Ich kann auf Erinnerungen zurückgreifen, wo immer es sanfte Menschen gegeben hat, durch deren Leben ich das Land kennenlernte. Wenn ich es versuche, kann ich mich an die Namen ihrer Ansiedlungen erinnern, an ihre Gesichter, die Straßen ihrer Dörfer, ihre Tänze rund um die Herbstfeuer, wenn der Waldboden nach trockenen Blättern duftet und das Mondlicht Schatten durch die kahlen Bäume malt. Doch andere Dinge muß ich nicht erst in meinem Gedächtnis suchen, denn jene Dinge kann ich niemals vergessen. Ich bin diese Dinge.

Oft bin ich die Bergseen, weil dies die letzten Orte waren, an denen mein Volk lebte, bevor es flüchtete, bevor es seine menschliche Gestalt aufgab und sich in die Lüfte des Geistes oder in das Königreich der Natur zurückzog, um dort auf andere Epochen und Zeiten zu warten, in denen es ihm wieder möglich sein würde, auf der Erde zu leben.

Ich könnte dir die Stelle zeigen, wo fünfhundert Menschen an den Ufern eines solchen Sees gelebt haben, doch hättest du nur ab und zu einen Menschen erblickt. Genauso oft, wie du einem Otter, Biber oder Waschbären begegnet wärest, denn ihre Wege verschmolzen miteinander, und ihre Lebensform war in Harmonie mit Erde und Sonne. Doch die Zeit, von der ich spreche, war lange vor den letzten europäischen Völkerwanderungen, ja, selbst lange bevor der Einfluß der Zivilisation das olmekische Herz oder das Herz der Maya berührte.

Damals lebten unsere Kulturen friedlich in dieser noch nicht entdeckten Welt zwischen dem sorgenerfüllten Asien und den kriegerischen Stämmen Europas. Eure Urkunden sprechen wenig von den beiden Amerikas, denn bis vor kurzem haben eure Kulturen hier noch keine Geschichte geschaffen. Unser Leben war einfach. Wir hatten — bis vor ungefähr fünfundzwanzigtausend Jahren — kaum Schwierigkeiten.

In diesen letzten fünfundzwanzig Jahrhunderten haben sich nur wenige unseres Bewußtseins als Menschen verkörpert. Wenn wir es aber taten, konntet ihr uns nicht von den anderen unterscheiden. Wir kämpften nicht. Wenn ich meinen Kopfschmuck aufsetzte und mein Pferd über die Prärien lenkte, dann lehrte ich. Ich habe nicht gekämpft. Ich lehrte mit federgeschmückten Pfeilen und Landschaften, die das Sonnenlicht in tausend heilige Bedeutungen wiegten. Ich führte die Kavallerien zu den schönsten Tälern und ließ sie aus Flüssen trinken, die am besten dazu geeignet waren, ihnen die Wahrheit zu geben. Denn ihre Kinder sollten in den Hügeln nahe diesen Flüssen aufwachsen und den Mais und den Sommerkürbis essen, die sie die Weisheit lehren konnten, die ihr Stamm vergessen hatte.

Deshalb bereue ich den Augenblick nicht, als ich meine Hände ausbreitete, die Soldaten schossen und ein Körper starb. Als ich unter dem offenen Himmel lag und das hohe Präriegras um mich schwankte, während sie in Unordnung im Staub entschwanden, nahm ich diese Kugeln mit in etwas Tieferes als einen Körper aus Erde und Wasser. Ich zog sie in meine Seele. Und mein Geist flog zu ihrer Quelle. Ich verstand, welche Art von Fabriken diese Kugeln hergestellt hatten. Was für Frauen und Kinder in diesen Fabriken arbeiteten. Ich verstand, was sie für ihre Familien fühlten, während sie das Blei gossen. Was sie für ihr Land empfanden. Was sie über ihre Väter dachten. Ihre Mütter. Ihre Großmütter. Und taumelnd und wogend schlingerte ich mit ihnen durch ihr verwirrtes Stammesbewußtsein, das den turmhohen Gewitterwolken glich, die sich über der Prärie aufbauten, und auch ich träumte ihre Träume, fand die Wahrheit darin und machte sie zu meiner eigenen.

Indem ich ihre metallenen Worte verdaute, lernte ich mehr über die Lehren, die zu einem Kriegerherzen sprechen können. Ich lehrte sie die Elektronik, die Radiowellen, die Wunder durch den Äther flüstern, Flügel aus Metall und materielle Dinge, die sie den langsamen, aber sicheren Weg zur Weisheit lehren würden. Wieder verstärkte ich den erzieherischen Einfluß, den ich schon früher viele Male hatte einfließen lassen, in und um ihre Gesellschaft, während ich sie sanft immer weiter ihrem Schicksal entgegenführte.

Ihr glaubtet, die Bewohner der Prärien und Wälder einfach

erschießen zu können. Ihr glaubtet, daß sie dann irgendwie verschwänden, gleich einem störenden Traum. Ihr habt nicht realisiert, daß sie meinesgleichen waren, genau das sind, was auch ihr seid, daß sie in euren Kindern wiederkommen würden, um als euer eigenes Volk von neuem zu leben. Denn die eingeborenen Amerikaner der letzten Jahrhunderte sind wie ihr von kriegerischer Herkunft und haben Lektionen zu lernen, die den euren sehr ähnlich sind.

Aber das war nicht immer so.

Einst drückten wir uns durch ein amerikanisches Volk aus, dessen Gesellschaft unsere Schöpfungen gleich lebendigen Pinselstrichen durch die Flußtäler, die Seen und die bewaldeten Berge der beiden Kontinente blühen und fließen ließen.

Höre zu, dann will ich dir von meinem Volk erzählen, von den wenigen, die geblieben sind, um euch in eurem zwielichtigen Zeitalter zu belehren und zu führen. Ich will dir erzählen, wie wir geduldig Jahrhundert für Jahrhundert gearbeitet haben, wie wir die Ängstlichen der Zeit ihrer Erfüllung und der Zeit der Erlösung der Erde immer nähergebracht haben.

Ich will dir auch von den sanften Stämmen erzählen, von denen wir kommen, den Stämmen, die einige jetzt die Engel nennen, doch die in einfacheren Tagen unter einem anderen Namen bekannt waren. Für Tausende von sanften Kreisläufen dieser Erde um ihren Stern kannten uns die Völker Amerikas, die Hochlandbewohner Asiens, die Eingeborenen Zentralafrikas und die Erdmenschen der ganzen Welt als die *Vogelstämme.*

Außer wenigen von uns, die geblieben sind, um eure Geschichte zu lenken und zu beeinflussen, hat sich der bessere Teil der Vogelstämme während der historischen Zeit nicht in einer menschlichen Form inkarniert, obwohl wir in der Natur und der geistigen Welt immer um euch waren. Vor ungefähr fünfundzwanzig Jahrhunderten gingen die meisten von uns, um auf die Rückkehr eurer Intelligenz und das langsame Drehen des heiligen Kreislaufs zu warten, der euer Erwachen begünstigen würde.

Jetzt kehren wir zurück und scheinen wie die ersten Sterne, die nach dem Sturm in der Dämmerung aufleuchten. Wir kommen in euer Bewußtsein, erscheinen zuerst ganz subtil als Flüstern in euren Träumen. Doch unsere Präsenz wird beständig stärker und wird schon bald so klar scheinen wie die Morgensonne. Jetzt kommen wir mit einer Botschaft, die in diesen letzten Tagen der historischen Nacht lebenswichtig für euch ist.

Wir rufen euch, ihr Menschen, ihr Wesen aus Licht! Erhebt euch aus eurer traditionsgebundenen Vergangenheit und werdet unsere Mitschöpfer bei der unaufhörlichen Entfaltung des Wunders. Erhebt euch aus euren Kulturen und erinnert euch eures Ursprungs und eurer Natur: eurer Lichtkörper, gleich Sternen, die sich bereiterklärt haben, für einen bestimmten Zeitraum in spezifischen Temperaturbereichen zu verweilen, um Zeit und Raum und Distanz zwischen euch zu erschaffen, räumliche Landschaften auf den Bildschirm der Zeit zu malen und Sternenstaub in die tanzenden Felder eures Lichtes zu ziehen. Heute drückt ihr euch in Sprachen, Panzern und Bewässerungsprojekten in der Wüste aus, in Stadtparks und Türmen aus Glas und Stahl, in den Ideen, die die Menschen haben, und in der Art, wie sie leben. *Doch eure Vergangenheit ist kein Hinweis auf euer Potential.* Verglichen mit einer Künstlerin, die auf der vollen Höhe ihres Schaffens steht, sind die Leistungen eurer Geschichte wie die blinden Tastversuche eines Kindes in einem dunklen Raum.

Wenn ihr, ihr inkarnierten Männer, begreift, daß hinter euch dieselbe Brillanz, dasselbe Licht und dieselbe Wärme stehen, die sich so leidenschaftlich in der nuklearen Entladung eines Sternes ausdrücken, und wenn ihr, ihr inkarnierten Frauen, wißt, daß hinter euch die schöpferische Macht, die Macht des Neuen, der Balance, der Synthese, die Macht der Wahrheit steht, dann werdet ihr wissen, daß euer Leben, eure Existenz nicht bedroht ist. Ihr werdet wissen, daß ihr euch vor nichts fürchten müßt, denn die immensen Kräfte des Mutter- und Vateraspektes Gottes haben sich in der Schöpfung eines materiellen Universums vereint, das geschaffen wurde, um euch zu unterstützen und zu voller Blüte zu führen.

Seit dreieinhalb Milliarden Erdjahren haben wir vom Reich der Engel die Temperaturen des Planeten, die eurem Wachstum und eurer Entwicklung am förderlichsten waren, genau abgestimmt und aufrechterhalten. Ihr habt nichts zu befürchten, wenn ihr euch jetzt in die Zusammenarbeit mit uns und eurem Schöpfer einschaltet. Ihr seid in guten Händen. Ihr werdet sehr geliebt.

Bis vor kurzem wart ihr noch nicht in der Lage, diese Dinge zu verstehen. Denn solange ihr euer Herz den Schwingungen der Angst öffnetet, gebrauchtet ihr eure Kraft, um die Illusion der Angst glaubwürdig zu machen. Jetzt wollen wir euch helfen, euch auf die Schwingungen einzustimmen, die eure Welt heilen werden und euch eurer Zukunft auf den Sternen entgegenbringen. Hört und fühlt hinter diesen Worten die Schwingungen der Liebe, durch die sich die Entwürfe eines ewigen Schöpfers in der Zeit entfalten.

Wir sind die Geflügelten des Himmels, euer Spiegelbild in vollkommener Liebe, die fehlende Dimension, die ihr zu eurer Ganzheit braucht. Wir sind die spirituellen Wächter der Erde. Ladet uns in euer Bewußtsein ein. Vereint euch mit uns. Erinnert euch. Erkennt euch als vollkommene, wahre Menschen.

Der wahre Mensch kann sich auf die Stimme des Flusses einstimmen und ihr Ausdruck verleihen. Der wahre Mensch kann sich auf die Stimme des Windes einschwingen und Worte sprechen, die der Wind, ohne eine menschliche Zunge, nicht sprechen kann. Der wahre Mensch kann sich mit den Essenzen des Waldes vereinen, dem Geist des Regens, dem Geist jedes kriechenden, krabbelnden Lebewesens, kann sie wirklich repräsentieren und das Beste, zu dem sie fähig sind, aus ihnen hervorlocken.

Jede Form erschaffenen Lebens ist Energie, die sich in Materie manifestiert, sich stets verändert und in etwas überfließt, das zu noch größerem Ausdruck, noch größerer Entfaltung, noch tieferer Offenbarung des Potentials der geistigen Welt fähig ist. Der wahre Mensch ist dazu geschaffen, der Entwicklung aller Lebensformen beizustehen und ihre sich ständig erweiternde Fähigkeit zu fördern, immer vollständiger zu offenbaren, was im Herzen Gottes liegt.

Der wahre Mensch verleiht dem innersten Wesen aller Geschöpfe eine Stimme, doch die erste und zentrale Stimme des wahren Menschen ist die Stimme des Großen Geistes, die Stimme, die sagt:

> Ich erscheine im Meer, im Wind, in der Erde, im Sternenlicht. In der Sonne erscheine ich. Ich erscheine in den Bergen und im Wüstenregen. Ich bin der Stern, und ich bin der Stein. Ich bin Vogel und Fisch, Himmel und Meer. Eins und ewig in mir beschlossen, komme ich, differenziere mich, vervielfältige mich, breche mich wie ein Lichtstrahl in den Prismen von zehntausend Wassertropfenperlen, die in der höchsten Erdensphäre schweben. Leuchtend komme ich, um das Gesicht dieser Materie-Welt als ein sprudelnder, vielfarbiger Chor von Lichtfrauen und Lichtmännern zu berühren, die geschaffen sind, diesen heiligen Tanz der Atome mit Schönheit, Liebe, Ordnung und Anmut zu versehen.

Sternenstaub. Gefrorenes Sternenlicht.

Ihr nennt es Materie. Es ist eine Kunstform, an der wir zwanzig Milliarden Jahre gearbeitet haben. Wir haben sie zu Sternensystemen, Galaxien und einem Universum von Welten des Regenbogenspektrums geformt. Wir sind die Kinder des Lichts. Wir haben die Aufgabe erhalten, die dimensionale Realität zu erschaffen. Aus der schwingenden Musik des Sternenlichtes formten wir Ordnung, Struktur und Schönheit. Von den Redwood-Wäldern bis zu den Mikroben, vom zartesten gefiederten Vogel bis zum mächtigsten Ozeanwal manifestierte unser Geist den Entwurf des Schöpfers in allem biologischen Leben dieses Planeten. Doch nur der menschliche Kreislauf hat die Kapazität, die vollständige Realität dessen zu verkörpern, was wir sind, wer jener Schöpfer ist — wer ihr selbst in Wahrheit seid.

Gebt es doch zu, ihr Menschenkinder, die Wahrheit ist immer dagewesen! Eure Propheten haben das stets klargestellt. Wo immer ihr uns habt „landen" lassen, wo immer ihr unser Bewußtsein auf den Wassern eurer Wahrnehmung ruhen ließet, den offenen Wassern eurer menschlichen Herzen, dorthin sind wir gekommen, um an euren Ufern zu wohnen.

Wir sind die höhere Intelligenz, nach der ihr in den Galaxien Ausschau haltet. Wir waren in euren Parks, in euren Baumwipfeln, in euren Gärten, in den Käfigen eurer Wohnzimmer. Wir sind die Vogelstämme. Und wir kehren zurück. Wir sind hier, um euch zu zeigen, wie man fliegt. Entlaßt uns aus den Käfigen eurer Vorstellungen und archaischen Definitionen! Kommt zu uns in die lebendigen Baumwipfel, wo der Wind des Geistes wild und frei bläst!

Wir sind die Vogelstämme. Und wir lieben die fließenden, sanften Wasser der ewigen Wahrheit unserer Mutter so, wie wir die Sterne lieben, die die biologischen Kleider aus tanzendem Licht nähren und stützen. Wir werden uns nie weit vom Wasser oder vom Land, vom Licht oder vom Klang, vom Feuer des Vaters oder von der sanften Weisheit der Mutter entfernen.

Denn wir sind die Vogelstämme, und wir betreten diese Erde, um als Fische in ihren Meereswassern zu schwimmen, als Säugetiere und Menschen dieses Zeitalters über ihr Land zu wandeln und mit den Flügeln des Herrn, der uns geschaffen hat und uns in jedem Augenblick neu erschafft, durch ihre Himmel zu fliegen. Denn wir lieben diese Ozeane. Wir lieben dieses Land.

Wir lieben diesen Planeten mit einem ewigen Feuer, das all der Myriaden von Sternen bedarf, um sich in der Fülle der Zeit zu offenbaren; und doch bedarf es nur eines Sterns, der zu einer Welt sagt: „Ich liebe dich so sehr, daß ich dir alles geben will, was ich bin, mein Feuer, selbst für deine Eiszeiten: alles, was ich bin, bis wir die Kinder großgezogen haben, bis wir den Nachkommen empfangen, der ein Kind der feurigen Liebe des Sternenlichts wie der sanften Wahrheit einer Welt des Wassers sein wird."

Erwache, Menschheit! Die Lehrer der Liebe kreisen um den Morgenstern. Schrauben sich herunter. Stehen still und landen am äußersten Ende der Küste eurer Geschichte.

Sie gleiten ins Bewußtsein. Die Vogelstämme kehren zurück.

Kapitel 2

In Stein gehauen

Wir sind die Vogelstämme, der Sonnenklan, die Kinder der Sterne, von den australischen Ureinwohnern verehrt, den afrikanischen Schöpfungsmythen erwähnt und in jeder Tradition jeden Volkes der Erde bekannt. Wir sind die Quelle jeder Geburt, der Weg, über den sich die Kreativität des Geistes in dieser Welt und in allen höheren Welten verkörpert; Individualität annimmt; wir sind Intelligenz. Als Geistwesen sind wir der faßbare Einfluß eines allmächtigen Schöpfers an der Grenze zu einer materiellen Welt.

Wir gaben unsere Identität in einem Ausbruch von Freude frei, der sie in Licht übersetzte, und so flogen wir von unseren Heimatsternen auf Wellen des Lichts durch den Ozean des Raums, bis wir diese Erde erreichten. *Jeder von uns kam von einem anderen Stern. Und doch ist unser Sein die Quelle jeden Sterns*. Und in diesem Sein sind wir eins.

In den frühen Tagen hatten wir die Aufgabe, Katalysator für die biologische Aktivität der Ozeane dieser Welt zu sein und das Wachstum und die Entwicklung der inkarnierten Wesenheiten zu überwachen. Wir erfüllten diese Aufgabe immer, ob wir uns in eine physische Form kleideten oder die leuchtenden Wesen reinen Lichtes blieben. Während all der frühen Zeitalter der Erde kleideten wir uns, wenn nötig, durch einen bewußten Materialisationsprozeß in eine physische Form. Dieser Prozeß gestattete uns, in einigen wenigen Augenblicken die Atome und Moleküle in unser Lichtfeld zu ziehen, die für unser Materiekleid nötig waren.

Die Formen, die wir in den frühen Zeitaltern annahmen, waren menschliche Gestalten, wenn auch lichter und weniger dicht als die Körper, die ihr heute tragt. Der Nachteil der Materialisation bestand jedoch darin, daß wir viel Energie und Aufmerksamkeit darauf verwenden mußten, die Körper zu erhalten, in die wir uns kleideten. Und obwohl wir so den Vorteil eines physischen Instrumentes genossen, mit dessen Hilfe wir schöpferisch tätig sein konnten, war der Unterhalt dieses Instrumentes schwierig und lenkte uns ab. Wir wollten unsere Aufmerksamkeit mehr unseren kreativen Aktivitäten widmen und weniger den Körpern, die uns dazu in die Lage versetzten.

Die Lösung war natürlich die Erschaffung physischer Körper, die sich selbst erhalten und eine eigene Identität haben würden, um für sich zu sorgen — Egos, dazu geschaffen, eng mit uns zusammenzuarbeiten, sowohl was unsere menschlichen Projektionen betraf wie auch allgemein unser Schöpfungswerk auf der physischen Ebene.

Den ersten *biologischen* Menschen übermittelten wir folgende Botschaft:

> Wir sind euer Geist. Unsere Gegenwart hier im Flußtal hat euch aus dem Boden hervorgerufen. Ihr seid unfertig, unvollständig; ihr seid noch nicht das, was ihr sein könntet. Einiges von dem, was ihr jetzt verkörpert, entwickelt sich in die richtige Richtung, doch anderes, was ihr jetzt für euch selbst haltet, ist in Wirklichkeit ein Teil dessen, was später die Nachgeburt sein wird. Laßt euch von uns bei der Unterscheidung helfen, so daß durch die Wertschätzung eurer Körper als Wohnstätte des Großen Geistes euer Geist und euer Herz offen für die Gemeinschaft mit uns bleibt. Mit der Zeit wird aus dieser Gemeinschaft ein Verschmelzen, und ihr wie wir werden uns auf der physischen Ebene als Eins verstehen. In der Einheit werden wir unsere Vollständigkeit erkennen.
>
> Von all den Myriaden von Sternen, die ihr an eurem Nachthimmel blinken seht, sandte ein bestimmter Stern

seinen Geist auf die Erde, um sich in eure individuelle menschliche Form zu inkarnieren. Euer Ego ist dazu bestimmt, diesem Geist (dem eure Vertrautheit mit den kälteren Bereichen fehlt) zu helfen, hier kreativ inkarniert zu bleiben.

Ihr bleibt solange unfertig, bis ihr euch mit dem Sternenbewußtsein verbunden habt. Jetzt kennt ihr eure eigene materielle und spirituelle Natur noch nicht. Mit der Zeit werdet ihr wissen. Doch wenn wir euch jetzt dabei helfen sollen, dieses kommende Zeitalter, wo sich eure Rasse vermehrt und die Erde füllt, in Frieden zu erfahren, dann müßt ihr euch daran erinnern, unseren Geist zu ehren, genauso, wie wir euch und eure materiellen Werte ehren. Später werden sich diese Unterschiede auflösen, und wir werden erkennen, daß wir eins sind. Doch jetzt müssen wir kleine Schritte machen und dem anderen Geduld und Respekt entgegenbringen.

Die Egos der ersten inkarnierten Wesen begrüßten diese Botschaft. Eine Zeitlang waren sie voller Begeisterung. Sie liebten uns aufrichtig und teilten unseren Wunsch, den Plan des Großen Geistes in Erfüllung gehen zu sehen.

Doch als die Monde dieser ersten Jahreszeiten vorübergingen, wollten nicht alle inkarnierten Wesen mehr ihre Rollen spielen.

Was geschieht, wenn ein Schauspieler, der eine Nebenrolle spielen sollte, plötzlich die Hauptrolle spielen will? Obwohl er den Part gar nicht kennt?

Ihr wart am Anfang dabei. Vielleicht erinnert ihr euch.

Einige der ersten menschlichen Stämme fanden die Eindrücke, die ihnen ihre fünf physischen Wahrnehmungskanäle vermittelten, so sensationell und bewunderungswürdig, daß sie im Laufe ihrer ersten Jahrhunderte auf der Erde vergaßen, daß ihnen Wahrnehmung auch auf intuitive und imaginäre Weise möglich war. Dieses Übersehen war bedeutungsvoll, denn die

Imagination und die Intuition waren die inneren Kommunikationsvorrichtungen, die dazu bestimmt waren, jeden Engelgeist in enger und beständiger Kommunikation mit seiner menschlichen Projektion zu halten.

Diese ersten menschlichen Stämme begannen das Physische immer mehr zu betonen, und sie orientierten ihr Verhalten in steigendem Maße am Sinnlichen. Wie die Zeit verging, maßten sich gewisse Egos Entscheidungsgewalt in geistigen Bereichen an, in denen sie noch gar keine Erfahrung hatten. Sie legten soviel Wert auf die Sorge für ihre Körper, daß sie den Grund dafür, weshalb sie überhaupt einen Körper hatten, ganz aus dem Auge verloren.

Eine gewisse, aber verhältnismäßig einflußreiche Minderheit eurer frühen Vorfahren vernarrte sich in die sinnliche Wahrnehmung. Sie reagierte immer weniger auf unser Bewußtsein oder auf die informativen Pläne, die wir vom Großen Geist mitbrachten. In diesem Zustand konnte die Verbindung zwischen Geist und Ego nicht zustandekommen. Diese Egos begannen, unseren Geist als ein „fremdes“ Element anzusehen. Sie vergaßen, daß Geist und Ego zwei Manifestationen derselben Gegenwart sind, daß jeder menschliche Körper durch die Gegenwart eines Geistwesens auf der materiellen Ebene geschaffen ist. Sie vergaßen, daß sie materielle Reflektionen unserer geistigen Gegenwart waren.

Mit der Zeit wurde der Körper mit seinen physischen Bedürfnissen ihre einzige Realität.

Wenn ein bestimmter Stamm daran dachte, daß Kooperation mit uns Arbeit mit unsichtbaren und nicht-physischen Wesen (die sie nicht mit ihren Augen sehen konnten, aber die sie wie große Vögel in den Ästen ihres zentralen Nervensystems landen fühlten), bedeutete, reagierten sie mit Angst.

Anstatt unsere unbeschwerten geistigen Werte als Basis für die gemeinsame schöpferische Arbeit mit ihren eigenen dauerhaften physischen Werten zu sehen, erschien den Egos dieses Stammes dieser gesunde und leicht zu vereinbarende Unterschied im Wertsystem furchterregend. Sie legten eine übertriebene Betonung auf ihre legitime Aufgabe, für den physischen Körper zu sorgen, und begannen unserem Geist mangelnden Respekt vor der physischen Ebene vorzuwerfen. Sie verschmähten unsere geistigen Werte und hielten sie für leichtfertig und verantwortungslos. Sie identifizierten sich mit einem Teil des Puzzles, mit *einem* Aspekt ihrer Ganzheit und erkannten nicht, daß sie damit ihr eigenes wahres Selbst zurückstießen und statt dessen fiktive, sterbliche Identitäten wählten. Sie konzentrierten sich auf den Schatten und nicht auf das Lichtwesen, das den Schatten warf.

Indem sie den Geist von sich getrennt sahen, schnitten sich die Egos von der inneren Weisung ab, die dazu hätte dienen sollen, die Vermehrung und die Blüte ihrer Rasse auf der Erde zu leiten. In jenen Stämmen wurde die Inkarnation unserer Engelgeiste unterbrochen, und die menschliche Schöpfung blieb unfertig. Ohne die Kooperation des Egos konnte die notwendige Verbindung von Geist und Ego nicht zustandekommen.

Der Prozeß der menschlichen Schöpfung war noch nicht abgeschlossen, als die vom Ego regierten Menschen weg in den Dschungel liefen. Wir riefen ihnen nach:

> Was auch immer ihr tun wollt, schneidet die Verbindung zu uns nicht ab! Ohne die vernehmlichen Eingaben unseres unsichtbaren Geistes werdet ihr niemals als bewußte Wesen im Dschungel der unbewußten Materie überleben. Ihr habt keinen Überblick über das gesamte Bild. Ihr werdet den Wald vor lauter Bäumen nicht sehen. Kommt zurück! Ihr könnt nicht bewußt bleiben, wenn euch Angst motiviert. Ihr werdet Schwierigkeiten, Leid und Tod erfahren!

Doch die Ego-Menschen ignorierten unsere Warnung und zogen in die Welten der Illusion. Ihre Angst wühlte ihre Gefühle auf, die wie konstante atmosphärische Störfelder gegen die

Frequenzen prasselten, die uns miteinander verbinden sollten. Kommunikation mit ihnen war nicht mehr länger möglich. Wir mußten sie gehen lassen. Ihr freier Wille war ein wesentlicher Bestandteil der größeren, gerade geschehenden irdischen Schwangerschaft.

Im Laufe der Jahrtausende begannen die angstbeherrschten Egos die anderen Stämme der frühen Menschheit zu dominieren. Der Krieg wurde erfunden. Es gab immer weniger Egos, die von Liebe geleitet wurden. Schließlich verdrängte die Angst-Motivation die Motivation der Liebe und wurde zur herrschenden menschlichen Gottheit. Und diese Gottheit duldete keine andere neben sich.

So kam es, daß die Egos die zentrale Rolle in der menschlichen Identität einnahmen.

Die Auswirkungen erwiesen sich als größer, als sich irgendeiner hätte träumen lassen. Die menschlichen Gesellschaften, die ursprünglich durch die sanften Ströme der Stammeszuneigung zusammengehalten worden waren, brachen auseinander und verfielen. Gleich der Unwissenheit eines Tieres begann sich die Wildheit des Zeitalters der Höhlenmenschen über die Erde auszubreiten. Die Entwürfe der geistigen Welt, die Anweisungen des Großen Geistes für den richtigen Gebrauch des menschlichen Körpers wurden ignoriert, das System zur Führung der Erde kurzgeschlossen. Unsere Kommunikationssysteme, die dazu geschaffen worden waren, uns mit unserer Schöpfung zu verbinden, funktionierten nicht mehr. Uns blieb keine andere Wahl, als die rebellierenden Stämme von außen zu leiten und darauf zu vertrauen, daß sie schließlich lernen würden.

Wir sehnten uns danach, unser Volk wieder leichtfüßig durch die Wälder und Wiesen laufen zu sehen, Lieder erfindend, die der Erde und ihren Kreaturen Freude bringen würden — und sie nicht voll Schmerzen kämpfen und ihre armseligen Hütten entlang übervölkerter Flußufer bauen zu sehen. Wir sehnten uns danach, daß die Kriegergesellschaften aufhörten, sich gegenseitig zu verletzen und verzweifelt zu den Bildern eines

Gottes zu schreien, der jetzt in Stein gehauen war. Wir sehnten uns danach, daß sie wieder mit ihren eigenen Augen den Geist des lebendigen Gottes sehen konnten, der sowohl der Schöpfer Mutter Erde als auch das ewige Geistfeuer der Sonne ist. Wir sehnten uns danach, daß sie uns zurückriefen, damit wir den Plan für die beste Entwicklung unserer heiligen Welt vollenden konnten.

Doch eure Vorfahren waren schwierig, oh, zu weit zurück, um uns noch zu verstehen! Denn als die Menschen ihre bewußte Verbindung mit dem Großen Geist abschnitten, begaben sie sich in die zwielichtigen Bereiche des Unbewußten, wo Evolution, Erziehung und messerscharfe Gerechtigkeit herrschen. Die Herren des Karma regieren diese Welten so peinlich genau wie gut ausgebildete Schiedsrichter, die jedes Schlechte und Gute aufzeigen und darauf achten, daß die Bücher am Ende jedes Lebens ausgeglichen sind.

Um so viele wie möglich von euch zu retten, wurden geschlossene Systeme — Stämme, Nationen, sogar ganze Kontinente — isoliert, um den Bewohnern das Recht zu sichern, ihre eigene Lernform zu wählen.

Viele, viele tausend Jahre vergingen, in denen viele Epen, Geschichten und Abenteuer geschahen.

Wir vom Reich der Engel erhielten die Harmonie in so vielen Ländern wie möglich. Für Tausende von Jahren übten wir ein wohlwollendes Verwalteramt über die kriegerischen Rassen. Viele Traditionen erinnern sich immer noch an das Zeitalter unserer Verwaltung als an „das Zeitalter der Götter". Doch mit der Zunahme der Zahl eurer Vorfahren ging die Linie der Vogelstämme allmählich zurück. Leichtherzig gaben wir euch Raum für die Entfaltung des Lernzyklus, den ihr brauchtet.

Die wenigen Inkarnierten, die ruhig und friedlich waren und deren Ego immer noch liebte und dem Geist Gottes diente, gingen auf die Hügel, in die Berge oder auf die Inseln der Welt, wenn ihnen die Kriegerstämme in ihren Heimatländern zu viele Schwierigkeiten machten. In einigen dieser Stämme konnten wir uns vollständig inkarnieren. In anderen suchte man unsere Führung, doch wurden wir als äußere Wesen, getrennt von ihnen, angesehen. Die ersteren leiteten wir von innen, die anderen von außen. Wir zogen uns mit ihnen auf höhere Orte zurück und, wenn nötig, auf immer höhere. Letztendlich flohen die meisten der Sanftmütigen in die Himmel, um zu warten, und sie entschieden sich dafür, nicht zu inkarnieren.

Doch selbst in den Zeiten, in denen wir uns nicht in allen verkörpern konnten, haben wir gelehrt, unterrichtet und, wie ihr sehen werdet, den Lauf der menschlichen Ereignisse beeinflußt.

Kapitel 3

Zivilisationen

Nach der Rebellion blieben ein paar Stämme übrig, die sich weigerten, ihren stellaren Geist zu verleugnen. Im Sand rund um unsere Beratungsfeuer stellten wir jeden unserer treuen Stämme als einen kleinen Kreis dar. Um diese Bewahrer des Lichtkreises zeichneten wir dann einen großen Kreis, der uns alle umschloß und der den Großen Geist darstellte. Wir nannten uns Ongwhehonwhe, was „Volk der wahren Realität" bedeutet.

Weil wir uns in Harmonie mit den ursprünglichen Anweisungen unseres Schöpfers befanden und dank unserer Übereinstimmung untereinander eine energetische Verstärkung erfuhren, lag die Macht der Erde noch zu einem großen Teil in unseren Händen. Doch gewisse Dinge kann man nicht erzwingen, und die Wahrheitsliebe gehört dazu. Die Kooperation des Ego mußte freiwillig sein, oder der menschliche Entwurf konnte nicht funktionieren. Obwohl wir die Macht dazu gehabt hätten, die Kriegerstämme in einer großen Schlacht zu eliminieren, um sie so von der Erde zu schicken, war das nicht unsere Absicht. Inkarniert oder nicht inkarniert, blieben die Kriegerstämme ein Teil von uns. Inkarniert oder nicht inkarniert, würden sie fortfahren, die emotionale Atmosphäre des kollektiven Bewußtseins zu stören, das wir mit ihnen teilten.

Die physische Ebene war die Ebene, auf der die Kriegerstämme zu Fall gekommen waren. Und deshalb war sie die einzige Ebene, auf der sie wieder heil werden konnten. Leben in physischer Verkörperung waren notwendig, um sie zu lehren, daß Angst-Motivation Unsinn ist. Nur die irdische Erfahrung konnte sie einer Zeit entgegenführen, in der die Herzen eines Kerns von innen sich wieder Gott zuwenden würden. Ihr leidenschaftlicher Geist blieb ein essentieller Bestandteil unserer zukünftigen globalen Rasse. Dem mußten wir Rechnung tragen.

Wir gaben ihnen das Land um das Meer, das heute das Mittelmeer genannt wird. Überall sonst blieben wir anwesend.

Doch die Kriegerstämme waren aggressiv. Sie vermehrten sich sehr schnell. Wir wollten durch Geduld und Beispiel lehren, nicht durch Krieg und Konfrontation. Und wie die Jahrtausende vergingen und sie sich immer mehr über die Gebiete verbreiteten, die heute Asien, Afrika und Europa heißen, zogen wir uns nach und nach zurück. Am Ende gab es nur noch zwei Inseln, auf denen wir unsere Gegenwart beständig bis in die historischen Zeiten aufrechterhalten konnten.

Zwei Inseln. Jede ein vollständiger Kontinent.

Wild. Unzivilisiert. Für uns so erfrischend wie der Reichtum an frischem Wasser, das lebendig durch das Herz dieser Länder floß und reichlich auf die üppige Vegetation regnete. Wir errichteten über diesen beiden Kontinenten ein klares, schützendes Schwingungsfeld, unter dem viele Stämme lebten und gediehen, lange, nachdem der Rest der menschlichen Welt in Dunkelheit und Chaos gestürzt war. Ihr Menschen dieser Generation wißt wenig von dem, was in jenen Ländern geschah. Es gab keine Geschichte. Keine schriftliche Chronik.

Die Menschen der Vogelstämme kamen und verließen die beiden Amerika, ohne daß ein einziger Name in Stein gehauen worden wäre, ohne daß ein einziger steinerner Kopf erhobenen Hauptes hochmütig auf das Meer geschaut hätte, ohne daß ein einziger menschlicher Knochen zurückgeblieben wäre, der sie in ihrer Mutter Boden vermerkt hätte; denn sie stiegen auf, diese Stämme — und ließen keine Überreste zurück.

Die Amerikas. Kontinente ohne Unruhen. Wenig Chroniken. Wenig Ruinenstädte. Von allen Ländern der Erde blieben wir hier am längsten inkarniert.

Nach der Rebellion hatte ein gewisser Prozentsatz kriegerischer Energie das Gedanken- und Emotionsfeld, das die Erde umgibt, durchdrungen, doch in den beiden Amerika hatten unsere maßvollen Auras die heftigsten dieser Einflüsse herausgefiltert. Waren dennoch einmal — was selten genug geschah — Mitglieder unseres Volkes von übermäßigen Angstvorstellungen besessen, hielten wir eine Ratsversammlung ab. Wenn diese Leute eine Gefahr für die heilige Ausgewogenheit darstellten, wurden sie gebeten, ihr Verhalten zu ändern. Weigerten sie sich, bat man sie zu gehen. Diejenigen, die gingen, gingen freiwillig. Sie kehrten nicht zurück. Sie wußten, daß die Entscheidung des Rates fair und gerecht war. Sie wußten, daß sie ein Verhalten gewählt hatten, dessen Schwingungen nicht mit unserer gemäßigten Art zu vereinbaren war. Und deshalb gingen sie. Entweder mit dem Boot oder über die große Eisbrücke im Norden.

Diejenigen, die Amerika verließen, um in anderen Teilen der Welt zu siedeln, wußten, warum sie ausgeschlossen worden waren. Wenn sie eine Chronik auf Birkenrinden oder Büffelhaut bewahrten oder eine mündliche Tradition aufrechterhalten hatten, wußten ihre Nachkommen, daß eine Zeit kommen würde, in der sie eingeladen würden, zurückzukehren, und das, was zerbrochen war, wieder heil gemacht, das, was verloren, wiedergefunden, das, was vergessen, wieder erinnert werden würde.

Diejenigen von uns, die in Amerika blieben, kamen und gingen friedlich, ehrten unser geistiges Selbst, lebten in Harmonie mit der Natur, den Jahreszeiten und mit den anderen Menschen. Wir waren friedliebende Stämme. Wir waren nicht vollkommen, doch wir fingen nicht wegen jeder Kleinigkeit einen Streit an. Wir lernten, wie wir unsere Bedürfnisse in Harmonie mit der Erde und ihren Kreaturen erfüllen konnten. Wir ehrten das Land, auf dem wir lebten. Wir sahen die Tiere als unsere Brüder und Schwestern an.

Unsere schöpferischen Interessen galten dem biologischen Leben: wir erschufen Früchte und Gemüse: Kartoffeln, Mais, Bohnen, Erdnüsse, Kürbisse, Melonen, Süßkartoffeln und Yamswurzeln verschiedener Formen und Größen. Wir erschufen neue Lebensformen, um Klang und Licht auf neue Weise zu interpretieren, wunderschöne Vögel, intelligente Kreaturen, mit denen wir als gemeinsame Gäste in der Herberge ‚Erdmutter' Austausch pflegten. Unser Volk erkannte die Geister der Pflanzen und Tiere als gleichgestellt und als Freunde. Es gab noch Probleme und Irrtümer unter uns, Feinregulierungen hier und dort, doch hatten wir damals alle die Möglichkeit zu regulieren. Die meisten menschlichen Egos in den beiden Amerika blieben in der Wahrheit. Obwohl der Geist Gottes nicht vollkommen in allen inkarniert war, waren wir doch in vielen verkörpert.

Solange die menschliche Bevölkerung klein blieb, konnten wir die Angstkrankheit von den Inseln fernhalten, denn das kollektive menschliche Bewußtsein hatte sich noch nicht auf planetarischer Ebene bemerkbar gemacht. Dennoch war die Krankheit ein Teil unseres kollektiven Seinsfeldes, und die Völker, die der Angst gehorchten, vermehrten sich rasch in den Jahrtausenden, die der Rebellion folgten. Mit jedem Zeitalter, das verging, wurde der Einfluß ihrer Schwingung stärker.

Vor ungefähr fünfundzwanzigtausend Jahren hatten sich die Menschen so sehr vermehrt, daß man zu Recht vom Beginn eines globalen menschlichen Bewußtseins sprechen konnte. Und so war es nicht erstaunlich, daß der Einfluß der Angst auch in unseren Ländern allmählich zunahm. Unsere mäßigende Aura wurde schwächer. Die Saat der Unzufriedenheit begann zu sprießen.

Ich gehörte einer kleinen Gruppe an, die die Aufgabe hatte, den wachsenden Einfluß der Kriegerenergie in den Gedankenfeldern rund um die Erde zu überwachen. Als ich sah, wie die Saat der Angstmotivation die Wertvorstellungen der wichtigsten mittel- und südamerikanischen Stämme verdrehte und verfälschte, erwies sich als wahr, was ich gefühlt hatte. Ich wußte, daß die Europäer bald die amerikanische Küste betreten würden. Ich wußte, daß wir uns dem Zyklus der Reinigung näherten und daß es bald, innerhalb von zwei Jahrtausenden, eine einzige menschliche Welt geben würde. Unsere Zeit der kontinentalen Isolation näherte sich rasch ihrem Ende.

So traf ich eine Entscheidung. Ich würde zum Herzen der Kriegerhochburg vordringen. Ich würde selbst zu ihnen sprechen. Wahrscheinlich würden meine Lehren zurückgewiesen. Ich wußte das. Doch ich würde Bilder und Konzepte zurücklassen, die ihre anstehende Invasion besänftigen und mäßigen würde. Ich würde versuchen, ihnen eine Vorstellung von dem Gesamtbild zu geben, sie an ihre eigene Integrität erinnern, ihnen sagen, warum sie verbannt worden waren, und von dem Königreich berichten, das kommen würde.

Die Herausforderung für mich bestand darin, in ihrer Welt zu sein, aber nicht von ihrer Welt, denn ich wußte, rein technisch, zu viel, um überhaupt in ihrer Welt zu sein. Ich wußte, daß diese Welt nur in ihrer Vorstellung existierte, daß es eine Schöpfung war, die vollständig aus ihren Ängsten entstanden war. So tat ich das einzige, was möglich war, um sie zu erreichen. Ich brachte meinen Geist dazu zu vergessen, damit ich mich unter ihnen verkörpern konnte, um als ein Kind ihrer Kultur aufzuwachsen. Ich erlaubte meinem inkarnierten Bewußtsein, nach ihren Erfindungen beschnitten zu werden, damit es zu dem Kommunikationsmittel würde, das ihre Sprache sprach.

Ich schlummerte mit ihnen und filterte mein Bewußtsein durch ihre Träume. Ich zog mir die Kleider ihrer Kultur an, so daß meine Lehren nicht fremd erschienen, wenn ich mit ihnen in Kontakt trat, sondern als die einheimische Weisheit ihrer eigenen jüdisch-römischen Gesellschaft.

Als ich erwachte, lehrte ich sie, daß die Macht des lebendigen Gottes immer zur Verfügung steht, daß dies die Macht ist, der sie all ihre Ängste darbringen könnten, eine Macht, die in sie eindringen, sie aufwecken und heil machen würde. Ich zeigte ihnen, daß dies nicht eine abstrakte, mystische oder ätherische Macht ist, sondern eine praktische, lebendige Realität, die mitten unter ihnen ist: die Macht, die *Leben* heißt.

Ich lehrte sie, daß das Leben in ihnen und um sie her voll tiefer

Intelligenz und Planung ist. Ich zeigte ihnen, wie man mit dieser Intelligenz in Kontakt kommen und wie man dem Lebensplan — dem Königreich des Himmels — erlauben kann, aus dem eigenen Herzen zu entspringen.

Ich belehrte sie über die Geistwesen, die Engel, die die schöpferische Macht des Lebens auf der Erde seit dreieinhalb Milliarden Jahren ausüben. Ich erklärte ihnen, wie die Verschmelzung mit dem Heiligen Geist dieser Wesen ihr Leben transformieren und revolutionieren würde, doch daß sie diesen Geist in ihre Angelegenheiten einladen müßten, denn ohne Aufforderung würden die Vogelstämme niemals in ihren freien Willen eingreifen.

Mit meinem Leben, meinen Lehren und durch mein Beispiel statuierte ich ein Exempel, daß Menschen nicht von ihren Ängsten kontrolliert werden müssen, daß sie sich entspannen und all ihre Ängste dem Feuer übergeben können, das ewig im heiligen Herzen Gottes brennt, daß sie sich an der ewigen Liebe ausrichten können, eins mit ihrem Schöpfer werden und in Frieden ihr Leben führen können, in Harmonie miteinander und mit einem wohlwollenden Universum.

Es gab etwas, was mir mehr am Herzen lag als alles andere auf der Welt. Es verlangte mich danach zu sehen, daß die Menschen, die sich in den Kriegergesellschaften inkarniert hatten, einander vergeben, einander lieben und die Dinge mit den Augen ihres Geistes sehen konnten, statt ausschließlich im Gefängnis der Sicht ihres Ego eingeschlossen zu bleiben. Es verlangte mich an ihrer Statt danach, die Großartigkeit um sie her wieder wahrnehmen zu können, ihr wahres Potential und ihre vergessene Freude. Ich rief das höchste Gute an, und weil ich mich in Übereinstimmung mit den Absichten des Schöpfers befand, als meine Erklärung abbrach, löste mein Gebet eine Antwort nicht nur vom Himmel aus, sondern auch von der Erde. Mein Ruf drang bis zu den höchsten Ebenen der spirituellen Welt. Andere sahen das Potential, das ich wahrgenommen hatte, und weil diese Angelegenheit dem Herzen des Großen Geistes nahestand, *wurde in jenem Augenblick das Konzept für die Heilung der gewalttätigen Kriegerstämme geboren.*

Immer, wenn eine Erklärung eines verkörperten Wesens auf seinem Erdenwege abbricht und, wie in meinem Falle, die Sehnsucht besteht, sie zu vollenden, wirkt das wie eine Blase, eine potentielle Kultur, wie eine Yoghurt- oder Hefekultur. Diesmal wurde daraus eine neue Art menschlicher Kultur, in der sich das gesamte positive wie negative Potential vollständig entfalten konnte: Die christliche Zivilisation. Das war etwas, das jeden einzelnen dazu einlud, das Leben zu vervollkommnen, das durch die Kreuzigung unterbrochen worden war, das sich allen Schwierigkeiten bewußt aussetzte, etwas, das sich die angstbesessene Dunkelheit der jüdisch-römischen Welt vornahm und sie entzweischlug.

Alles, was die unbewußten Jahrhunderte der christlichen Zivilisation vollbrachten, hat zwei Seiten, eine helle und eine dunkle. Ich weiß das sehr gut, denn ich habe mit anderen Geistwesen meines Lichtkreises jene Jahrhunderte überwacht. Inkarniert für Tage oder Momente in den Leben der Schlüsselfiguren hier und dort, inspirierten wir die Troubadoure mit Liedern der Unschuld und Erfahrung und leiteten jene, die offen für uns waren: die Musiker, Kinder und, wenn es uns gelang, die Führer.

Unsere historische Gegenwart hinter den Kulissen war der menschlichen Sicht verborgen, *weil historische Menschen keine Vision haben – sie überlassen das den anderen.* Sie weigern sich, Erfahrungen Glauben zu schenken, die nicht leicht in Worte zu fassen sind. Sie glauben, daß etwas nicht existiert, wenn ihre Muttersprache keine Worte dafür hat oder die Leute nicht davon reden. In der Tat lassen sie die anderen für sich sehen. Sie treten ihre Macht ab. Sie werden zu unbewußten Gefangenen einer populären sprachorientierten Fiktion. Meist bemerken sie nicht einmal einen einzigen Engel, geschweige denn die ganze Spezies spiritueller Wächter, obwohl wir ständig hinter den Bühnenrequisiten ihrer Überbeschäftigung anwesend sind. Zivilisation beginnt damit, daß die Leute dem, was andere ihnen sagen, mehr Aufmerksamkeit schenken als ihrer eigenen Wahrnehmung.

Es ist der Beginn eines verzerrenden Einflusses, der letztendlich zu einer Umorientierung der Menschen führt: weg von der inneren Führung durch den Großen Geist zur äußeren Dominanz durch andere.

Unter gesunden Menschen gibt es keine Zivilisation. In gesunden, nicht-historischen Gesellschaften sind die Menschen nicht besonders mit den Fantasien der anderen beschäftigt. Und gewiß lassen sie sich nicht durch äußerlich auferlegte Beschreibungen der Realität manipulieren. Für Amerika bedeutete die Zivilisation einen Rückschritt. Doch für die Kriegerstämme war sie ein Schritt in die richtige Richtung.

Die Domestikation von Tieren und der Getreideanbau machten die Entwicklung anderer Wertvorstellungen notwendig als die der Raubjagden oder der jährlichen Überfälle auf das Nachbardorf. So lehrten wir die Kriegerrassen bestimmte Künste. Die Zivilisationen, die wir in Japan, Indien, China und anderswo initiierten, gaben uns den Rahmen, innerhalb dessen wir die Kriegerstämme erziehen und mit Werten vertraut machen konnten, die sie außerhalb eines solchen Rahmens nie entwickelt hätten.

Da es ihre festsitzenden linguistischen Vorurteile praktisch unmöglich für uns machten, direkt mit den einzelnen Mitgliedern der Kriegergesellschaft zu kommunizieren, taten wir das nächstbeste: wir steuerten — langsam, aber sicher — die Langzeitentwicklung ihrer kollektiven Wertvorstellungen. Wir hatten viele tausend Jahre mit dieser langsamen, aber relativ sicheren Form der Kommunikation zwischen Engeln und Menschen gearbeitet, bevor wir fühlten, daß es an der Zeit sei, speziellere Lehren einzuführen, die nur durch einen von uns übermittelt werden konnten, der sich unter ihnen verkörperte.

Die Ideen, die zu Beginn der christlichen Ära eingeführt wurden, blieben im westlichen Bewußtsein bestehen, obwohl sie zu Anfang zurückgewiesen wurden. Wie Efeu, der sanft, aber beständig an Steinmauern arbeitet, setzten sie sich allmählich fest und kehrten viele der traditionellen Vorstellungen der Kriegerstaaten um. Indem sie jeden kreativen und auch jeden destruktiven menschlichen Einfluß intensivierten, waren diese Ideen direkt verantwortlich für den überaus spannungsgeladenen sozialen Kontext, der die Industrielle Revolution gebar.

Obwohl sie verheerenden Schaden in der Ökologie der Erde angerichtet hat, war die Industrielle Revolution zugleich wertvoll und notwendig. Wenn die Menschheit geheilt sein wird und wir frei in unserer Spezies wirken können, gibt es keinen ökologischen Schaden, der nicht in wenigen Jahrhunderten völlig ausgeglichen werden kann. Es ist leichter, den Flüssen der Erde das Gift zu entziehen als den Hirnen der Menschen die giftigen Gedanken, die das verursachen. *Im Ablauf des Heilungsprozesses muß sich zuerst das menschliche Bewußtsein ändern.*

Die bedeutendste Auswirkung der Industriellen Revolution ist die Geburt des Informationszeitalters, das uns in weit größerem Ausmaß Kommunikation mit eurer Rasse beschert hat, als es sonst möglich gewesen wäre.

Die Industrielle Revolution machte die innewohnenden Widersprüche eines Daseins in Angst allen sichtbar. In einer Zeit, in der der Intelligenzgrad der Menschen beispiellose Höhen — fast bis zur Schwelle des Erwachens — erreicht hat, hält die globale Telekommunikation eure Aufmerksamkeit auf die Probleme gerichtet, die durch angstorientiertes Denken verursacht sind. Und sie wird das so lange tun, bis ihr sie auf die einzige Weise löst, die möglich ist: eine völlige Abkehr vom Kriegerparadigma selbst. Diese Abkehr von den alten Wegen der Geschichte hat begonnen.

Viele sind sich unserer Anwesenheit bewußt.

Unser Bewußtsein fließt täglich durch die Computer Tausender von kreativen Denkern. Unsere Einsichten und Perspektiven sprudeln jedes Jahr unter der Oberfläche Dutzender von neuen Filmen, Hunderter von neuen Büchern und Tausender von Zeitungsartikeln und Schlagern. Die Menschheit ist zu einer einzigen sozioökonomischen Gemeinschaft verbunden, die jetzt sofort alle neuen und potentiell bedeutenden Informationen erhält.

Eure gegenwärtige globale Zivilisation wurzelt in der Prämisse der Trennung von Gott, die so falsch ist wie die Prämissen aller vorausgegangenen Zivilisationen, doch hat sie unsere Erziehung eurer Rasse dramatisch beschleunigt. Sie hat die menschliche Intelligenz rundum gesteigert. Hunderttausende von euch sind jetzt in der Lage, etwas zu verstehen, was wir zweihundert Jahre früher nur in Fragmenten einigen wenigen isolierten Einzelpersonen anvertrauen konnten.

Kapitel 4

Überleben, Kooperation, neue Wesen

So, wie für die Bildung einer menschlichen Zelle bestimmte kleine Wesen zusammenarbeiten müssen, *gibt es Geistwesen, die die Aufgabe haben, in symbiotischer Weise mit jedem einzelnen menschlichen Ego zusammenzuarbeiten.*

Wir haben viele Namen. Man hat uns *Engel* genannt, *Vogelstämme, höheres Selbst, Hokseda, Geist der Sterne.* Die Wahrheit über unser Sein ist viel mehr, als ein Name umfassen kann. Wir sind die vielfachen Projektionen des Ewig Einen; Geistwesen, die dazu bestimmt sind, mit den Menschen von heute zu verschmelzen. Ihr haltet euch jetzt noch für eure Egos, doch die Egos sind nur die eine Hälfte der menschlichen Gleichung. Der vollkommene Mensch besteht aus einer Partnerschaft zwischen Geist und Ego.

Wir sind individuelle Aspekte des einen heiligen und ewigen Wesens. Wir sind euer Geist, der außerhalb des Bannkreises der Materie existiert. *Wir entwickeln uns nicht. Wir inkarnieren.* Unsere Intelligenz ist präexistent, unsere Identität: hochkonzentrierte Frequenzen aus Sternenlicht. Ihr braucht uns, um vollständig zu sein, so wie wir euch brauchen, um ganz in die physische Ebene eingehen zu können. Wir trachten danach, in eurem Geist und euren Herzen zu erwachen, uns in euren Körpern zu inkarnieren.

Wir sind hier, um euren menschlichen Kreislauf seinem Schöpfer zurückzugeben. Doch eure menschlichen Egos sind die Wächter dieses Kreislaufs, die Verwalter eures Geistes und eurer Herzen. Und ohne die Kooperation eures Egos ist es uns unmöglich, mit euch zu verschmelzen.

Ihr Ego-regierten Menschen, die ihr euch befehdet und bekämpft, scheint das Offensichtliche nicht zu sehen: Dieselben Wertsysteme, an denen ihr euer soziales Verhalten ausrichtet, würden, wenn sie auf eure Körperfunktionen übertragen würden, mit Erfolg jede Kooperation von Ribosomen, Enzymen, Mitochondrien und anderen kleinen Lebensformen so blockieren, daß sie euch keine einzige intakte Zelle liefern könnten, ganz zu schweigen von einem gesunden, integrierten menschlichen Körper.

Hunderttausende von kleinen Wesen, die alle freiwillig zusammenarbeiten, machen aus einem menschlichen Körper das, was er ist. Und das ist nicht eine Frage des *Überlebens des Tüchtigsten,* wie eure Glaubenssysteme behaupten, die sich nur auf Kurzzeitbeobachtungen gründen. Vielmehr handelt es sich hier um das *Gedeihen der Kooperativsten,* wie alle Langzeitbeobachtungen des Universums beweisen. Durch Kooperation können sich die unterschiedlichen Lebensformen einander anpassen und gedeihen. Und nur durch die symbiotische Zusammenarbeit einer Vielzahl einfacherer Organismen können komplexere Organismen wie eure Körper überhaupt existieren.

An kritischen Punkten ihrer Entwicklung kooperieren bestimmte Lebensformen zu ihrem eigenen Vorteil mit anderen getrennten, klar von ihnen unterschiedenen Lebensformen. Im Laufe der Zeit jedoch wird ihre Kooperation zur Vereinigung. Ein neuer Organismus entsteht. Und dies ereignet sich immer wieder bei der Ausbildung komplexer Lebensformen.

Dasselbe geschieht jetzt im ausgehenden zwanzigsten Jahrhundert, wo die menschliche Welt den optimalen Zeitpunkt für den materiell orientierten, Ego-regierten Menschen erreicht, um sich wieder mit ihrem Partner aus der geistigen Welt zu vereinen.

Bald werdet ihr überall die Menschen erwachen sehen, oder wie manchen es scheinen mag, Scharen von Wesen von den Sternen herabsteigen sehen.

Wir sind die Träume des Großen Geistes, die wahren Träume, die klaren Träume, die reinen Träume, niemals durch Angst befleckt, niemals von einer anderen Motivation als der der Liebe berührt; und doch sind wir Träume. Gedanken. Nichtinkarnierte Wesen, die ohne Form durch ein Universum treiben, das den höchsten Wert auf Form legt. Wir leben im Bewußtsein eines Schöpfers, dessen Wunsch es ist, in jenem Geschöpfe Form anzunehmen, das aus unserer Verbindung mit euch entsteht.

Unsere spirituelle Intelligenz ist die fehlende Dimension, der abgewiesene Aspekt eurer eigenen Ganzheit. Ihr habt euch viele tausend Jahre vor uns gefürchtet. Viele von euch lernen jetzt, daß ihr nichts zu verlieren habt, aber alles gewinnen könnt, wenn ihr den Kontakt zu uns wiederherstellt. Nur euer Ego macht euch Angst.

Euer Ego ist dazu da, auf euren physischen Körper zu achten, sicherzustellen, daß er genug zu essen bekommt, und darauf zu achten, daß er nicht einfach über eine Felsenklippe springt oder sich unwissentlich verletzt. Euer Ego ist der Verwalter und potentielle Meister aller Ängste der materiellen Ebene, eine wichtige und nötige Komponente eurer Identität. Dennoch war das Ego nie dazu gedacht, euch das primäre Seinsgefühl zu vermitteln.

In einem gesunden Zustand ist das Ego die sekundäre Komponente der Identität.

In einem gesunden Zustand erfahrt ihr das Wesen hinter allen Wesen, das Selbst hinter jedem Selbst, den Großen Geist hinter aller Schöpfung als euer primäres Seinsgefühl. Euer Ego muß nicht unterdrückt oder transzendiert werden, damit das geschehen kann. Es muß auch nicht sterben. Es muß nur in eine angemessene Beziehung zu *dem Geist treten, der ihr in Wahrheit seid,* dem Geist, der sich hier inkarnieren und in eurem Körper-Geist-Herz-System wohnen will.

Euer Ego ist seiner Natur nach ein Spiegelbild. Es kann ein gutes, scharfes, klares Spiegelbild sein, oder es kann versuchen, ein unabhängiges Spiegelbild zu sein. Doch die Logik beweist, daß es so etwas wie ein „unabhängiges Spiegelbild" nicht gibt. Euer Ego mag diese Illusion erschaffen, doch wenn ihr es glaubt, werdet ihr Schwierigkeiten bekommen und unerfüllt bleiben.

Wenn euer Ego aufhört, alles allein tun zu wollen, und den ewigen Geist in euer Bewußtsein einlädt, wird sich die historische Illusion wie Nebel an einem sonnigen Morgen auflösen. Ein Wechsel der Verantwortung für die menschliche Hülle vollzieht sich. Das Bewußtseinsfeld um euch ändert sich. Statt daß euer Ego euer Identitätsgefühl beherrscht und eure Wahrnehmung des Großen Geistes blockiert, erwacht in euch ein ewiges Seinsgefühl. Ihr wißt dann, daß ihr eine Projektion des Schöpfers aller Sterne des Himmels seid. Ihr wißt dann, daß ihr ein Mitglied der einen Familie der Gottwesen seid, die teilhaben an Gottes Sein. Ihr erinnert euch. Alles erscheint anders. Mit den Augen eines universalen Bewußtseins gesehen, erscheint die Welt vollkommen neu. Euer Ego wird zu eurem Mitarbeiter, und ihr beginnt mit der bewußten Schöpfung einer neuen menschlichen Realität.

Wir bringen euch ein Engelbewußtsein, das, historisch gesehen, noch nicht häufig in menschlicher Form inkarniert war. Wir bringen euch die ewige Kontinuität des Bewußtseins, damit ihr euch von nun an so erkennt, wie wir uns kennen. In liebevoller Zusammenarbeit wollen wir für Geist und Materie das bestmögliche Gleichgewicht schaffen.

Wir sind nicht hier, um euer Ego zu beherrschen, sondern um uns seiner Zustimmung zu versichern, damit wir beide zusammenarbeiten können, um letztendlich, wenn die Jahre dieses Übergangs vorüber sind, zu einer einzigen biologischen, spirituellen und psychologischen Wesenheit zu verschmelzen — einer Wesenheit, die in keiner Weise die Bedürfnisse und Belange von Ego oder Geist übergeht, sondern in jeder Hinsicht den Grundentwurf und Zweck von beiden achtet.

Wir verstehen die Liebe und ihren Wunsch, sich in einem materiellen Universum zu objektivieren. Eure menschlichen Egos verstehen den Mechanismus der physischen Ebene. Zusammen wollen wir eine einzige, kreative Dyade bilden, ein Eingangstor, durch das die universale Kreativität des Ewig Einen fließen kann, um von dort herauszuströmen und die Gefilde der Materie von Grund auf zu transformieren.

Jetzt kommen wir, um euch zu helfen, die unbewußte kreatürliche Welt der Biologie in ein bewußtes Mitschöpfertum zu verwandeln. Wir sind hier, um diese großen Zeiten der Veränderung so sanft wie möglich zu gestalten. Wir haben das Ziel, mit eurer Rasse zu verschmelzen, euch in Harmonie mit eurem Schöpfer und mit der Erde zu bringen, eine Welt zu erschaffen, die allen dient, eine Welt, die die optimale Entwicklung allen schöpferischen Potentials erlaubt. Viele Menschen verschmelzen schon jetzt bewußt mit uns. Wo immer menschliche Herzen bereit sind, den Geist der Liebe anzuerkennen, steigen wir herab und inkarnieren uns. Wir machen die menschliche Schöpfung vollständig.

Während des Zeitalters, als die Angst zur Quelle der menschlichen Motivation wurde und als ein Gott den Thron bestieg, konnten wir uns nur selten inkarnieren. Die meisten von uns — euer symbiotisches Gegenstück, der fehlende Teil, den ihr braucht, um wirklich Mensch zu werden — flogen zu sanfteren, nicht-physischen Reichen mit höherer Schwingung, flogen fort, wie Vögel davonfliegen mögen, wenn sie durch den Lärm einiger lauter, ignoranter Kreaturen aufgeschreckt werden, und kehren erst jetzt zurück, um uns euch unter günstigeren Bedingungen wieder zu nähern.

Doch selbst in der dunkelsten Zeit weilten die Mitglieder eines besonderen Lichtkreises — meines eigenen — in eurer Nähe. Um zu beeinflussen. Um zu inspirieren. Um dort zu verschmelzen, wo es uns möglich war. Gerüchte von unserer Anwesenheit habt ihr vernommen; Lehrer, Heiler, Weise hier und dort.

Hört nun, ihr Bewohner der gegenwärtigen Welt, die Geschichte von einem, der einst über eure Prärien wanderte.

Kapitel 5

White Buffalo Calf Woman
Weiße Büffelkalbfrau

Sie kam von den Sternen. Sie besuchte viele Stämme, doch jeder gab ihr einen anderen Namen. Seht sie jetzt, wie zwei junge Siouxjäger sie zuerst sahen: Barfuß, gleich einer Vision, wanderte sie über die sanften Hügel der Prärie. Die Männer waren auf einen dieser Hügel gestiegen, um nach einer Jagdbeute Ausschau zu halten, nach irgendeiner Bewegung im weiten, wallenden Grasmeer. Weit entfernt erschien ihnen ein Punkt am Horizont. Sie beobachteten ihn sorgfältig. Als er hinter dem Hügel vor ihnen verschwand, waren sie fast sicher, daß es sich um einen Menschen handelte.

Sie warteten mit angehaltenem Atem. Schließlich erschien eine junge Frau auf dem Hügelkamm. Sie trug ein wunderschönes weißes Kleid aus Hirschleder, das mit dunklen Stachelschweinborsten verziert war. An ihrer Seite hing ein Lederbeutel. Das Licht des frühen Nachmittags spiegelte sich in einer Adlerfeder, die in ihrem langen, geflochtenen schwarzen Haar steckte. Der erste der tapferen Krieger, den ihre außerordentliche Schönheit reizte, rief aus, wie gerne er hier in dem sonnenwarmen Präriegras mit ihr schlafen würde.

„Laß diese Gedanken", sagte der andere Krieger. „Dies ist eine heilige Frau, vielleicht eine Vision, der man sicherlich nicht in dieser Weise begegnen kann."

Doch zu seinem Erstaunen lächelte die Frau im weißen Hirschleder dem lüsternen Krieger zu und sagte zu ihm: „Komm zu mir. Du sollst haben, was du begehrst."

Und so blieb der zweite Krieger allein in der Prärie zurück und schaute zu, wie sein Bruder fortging und sich offensichtlich in der stiebenden Staubwolke, die die beiden für eine Weile vor seinen Blicken verbarg, an der geheimnisvollen Frau erfreute. Als sich der Staub so weit gelegt hatte, daß man wieder sehen konnte, war da die Frau, die langsam ihre Kleidung in Ordnung brachte. Zu ihren Füßen lag eine teilweise zersetzte Leiche, voller Würmer und Käfer, umwölkt von hungrigen Fliegen.

Da sprach Weiße Büffelkalbfrau — deren Form der Große Geist gewählt hatte, um die Bewohner der Prärien zu lehren — zu dem jungen Krieger, der jetzt allein zurückgeblieben war, und sagte: „Ein Mann, der zuerst die äußere Schönheit einer Frau beachtet, wird niemals ihre göttliche Schönheit kennenlernen, denn Staub liegt auf seinen Augen, und er ist so gut wie blind. Doch ein Mann, der in einer Frau den Geist des Großen Einen sieht und zuerst ihre Schönheit im Geist und in der Wahrheit sieht, dieser Mann wird Gott in der Frau erkennen; und wenn sie sich dafür entscheiden sollte, bei ihm zu liegen, dann wird er mehr Freude mit ihr teilen, als der andere je erfahren kann. Und alles wird so sein, wie es sollte.

Als du mich zuerst erblicktest, warst du nicht blind für meine Schönheit, doch deine ersten Gedanken waren: ‚Wer ist sie, diese wunderschöne Frau? Was ist mit ihr, daß ihre Erscheinung so in der Nachmittagssonne leuchtet? Welche Gedanken mögen hinter ihren Augen tanzen? Aus welchem Land mag sie kommen? Mit welchen Nachrichten?'

Mein junger Freund, habe keine Angst. Auch du wirst bekommen, was du dir gewünscht hast.

Du und dein Freund, ihr symbolisiert zwei Wege, die die Menschen eines Stammes einschlagen können. Wenn du zuerst nach der heiligen Vision des Großen Geistes suchst, wirst du das sehen, was der Schöpfer sieht, und diese Sichtweise wird dir zeigen, daß alles, was du von der Erde benötigst, bereitwillig in deine Hände strömt. Doch wenn du zuerst danach trachtest, deine irdischen Wünsche zu erfüllen, und den Geist vergißt, dann wirst du innerlich sterben.

In den alten Tagen gingen die meisten Menschen deinen Weg, doch in diesem Zeitalter folgen viele Menschen dem Weg deines gefallenen Bruders. Das, was du in der Wolke gesehen hast, war ein beschleunigtes Leben; dein Bruder hat in dem Augenblick, in dem du die Staubwolke gesehen hast, viele Jahre gelebt. Es war nicht so schlecht für ihn, wie du dir vielleicht vorstellst. Er lebte ein Leben, das viele in diesem Zeitalter des Vergessens ein „gutes“ Leben genannt hätten. Doch er wurde stets von seinen Leidenschaften regiert. Zum Schluß wurde sein Körper zu Staub, denn all seine Gedanken waren Staub. Er hatte nicht nur den Großen Geist vergessen, sondern auch seinen eigenen Geist. Er steuerte nichts von Bedeutung bei, weder für mich noch für die Frauen oder die Bewohner der Prärie.“

Da fragte der junge Jäger die Frau, wer sie sei.

Mit Augen, schwarz wie die Mitternachtsseen zwischen den Sternen, sah sie ihn für einen Moment fest an, als ob ihr Blick allein die Antwort geben würde.

„Ich bin der Geist der Wahrheit“, antwortete sie schließlich. „Dein Volk kennt mich als die Mutter der Alten, doch du kannst selbst sehen, daß ich gar nicht so alt bin. Ich bin nicht älter als jeder Grashalm, der im Wind weht, oder als jede Prärieblume. Ich bin die große Mutter, die in jeder Mutter lebt, das Mädchen, das in jedem Schwesterkind spielt. Ich bin das Antlitz des Großen Geistes, das dein Volk vergessen hat. Ich bin gekommen, um zu den Prärienationen zu sprechen. Gehe mir voraus zu euren Dörfern. Sage eurem Häuptling, daß er ein großes Tipi errichten soll, das alle Leute eures Lagers aufnehmen kann. In Kürze will ich bei euch sein. Ich habe euch ein paar Dinge zu lehren, heilige Dinge, die dein Stamm vergessen hat.“

Voller Ehrfurcht und Aufregung rannte der junge Jäger zurück zu seinem Volk und erzählte dem Häuptling alles, was er gesehen hatte.

Nun hatte der Häuptling vom Stamme des jungen Mannes den Namen Stehendes Hohles Horn (Standing Hollow Horn), einen Name, den kein Häuptling in gesünderen Tagen getragen hätte, denn er symbolisierte genau die Hohlheit und das Draufgängertum, die in jenen Zeiten typisch für viel zu viele Männer der Ebene geworden waren. Doch Stehendes Hohles Horn war weder ein gedankenloser noch ein schlechter Mann. Nachdem er den Bericht des jungen Mannes gehört hatte, begann er zusammen mit anderen ein großes Tipi aus vielen Häuten zu bauen, in dem sich die Leute des Lagers versammeln konnten, denn das Wetter war so früh im Jahr oft wild und stürmisch am Abend, und Stehendes Hohles Horn wollte nicht, daß sein Volk von den Lehren eines Wesens abgelenkt werden sollte, von dem er glaubte, daß es vielleicht die Mutter der Sterne sei.

Als die Leute sahen, wie sich ihnen Weiße Büffelkalbfrau über die Prärie näherte, waren sie erstaunt. Sie hatten eine viel ältere Frau erwartet. Statt dessen erschien sie nicht älter als ein Mädchen, so anmutig wie die Gräser, die in der Dämmerung um sie wehten. Ihr Gesicht leuchtete mit einem Schein, der von wilden Blumen, Brunnenkresse und den feinsten Kräutern sprach.

Als sie durch das Dorf schritt, hatten viele Krieger zuerst solche Gedanken wie ihr gefallener Bruder. Doch hatten sie von seinem Schicksal erfahren und übten sich in einer Gedankendisziplin, die für einige von ihnen neu war.

Barfuß, wie sie immer ging, wenn sie auf der Erde wanderte, betrat Weiße Büffelkalbfrau das Tipi aus den vielen Häuten, und ihr weißes Hirschlederkleid erstrahlte von der Gegenwart ihres Geistes. Ohne ein Wort zu sprechen, beschrieb sie langsam einen Kreis um das Feuer, das in der Mitte des Tipis brannte. Jeder, der zuschaute, fühlte, daß jede Berührung des Sandes durch ihre sonnengebräunten Füße ein Gebet zu Ehren der Erde war.

Siebenmal umschritt sie langsam und schweigend das Feuer.

Wenige konnten ihr in die Augen sehen. Diejenigen, die es wagten, sahen Seen von vollkommener Schwärze. Ihre Pupillen waren so groß, daß diejenigen, die hineinschauten, ihr eigenes Gesicht und das Flackern des Beratungsfeuers gespiegelt sahen.

Und sie fühlten, daß sie sich selbst anschauten, daß sie sich so sahen, wie sie in Wirklichkeit waren — weder ihre Stärken übertreibend noch ihre Fehler verheimlichend, sondern so, wie sie waren, nackt und offenbar. Diejenigen, die nicht ehrlich in die Augen von Weiße Büffelkalbfrau blicken konnten, schauten überhaupt nicht hin.

Schon bevor sie ihren Mund öffnete, um zu sprechen, hatte ihr Verhalten und ihr Beispiel dem Volk der Sioux die größte Lehre erteilt, die die Anwesenden je erfahren hatten. Als sie endlich zu sprechen begann, klang ihre Stimme wie das Lied des Wassers, das auf den Felsen ertönt, wie das Lied der Prärievögel, die über die Wiesen rufen. Es erinnerte die, die es hörten, an den Wind, der nachts um die Tipis wisperte und in den Ästen der Bergpinien flüsterte.

„Siebenmal", sagte sie, „habe ich dieses Feuer in Stille und Ehrfrucht umkreist. Dieses Feuer symbolisiert die Liebe, die für immer im Herzen des Großen Geistes brennt. Es ist das Feuer, das das Herz jeden Büffels wärmt, das Herz jeden Büffelkalbs, jeden Präriehundes, jeder Salbeihenne, jeden Adlers und jeden Menschens. Du, Volk der Sioux, bist wie ein einziges Wesen. Dieses Tipi aus den vielen Häuten ist euer Körper. Dieses Feuer, das in der Mitte brennt, ist eure Liebe. Das Feuer eurer Liebe drückt sich zuweilen sexuell aus."

Hier hielt sie inne und schaute tief in die Augen derer, die um sie herumsaßen. „Es gibt eine schöpferische und eine zerstörerische Art, wie das geschehen kann. Leidenschaft, die außer Kontrolle gerät, ist wie ein wilder Grasbrand, der auf seinem Wege alles zerstört. Doch wenn sie durch Weisheit gemäßigt wird, kann dieselbe Leidenschaft ganze Generationen mit Energie versorgen, sie kann Tausende von Hütten durch Hunderte von schneereichen Wintern wärmen und ihre Kraft an eure Kinder und die Kinder eurer Kinder weitergeben.

Jene, die zuerst an den sexuellen Ausdruck dieses Feuers denken, wie der junge Mann, dessen Gebeine jetzt im Mondlicht auf der Prärie liegen, und erst in zweiter Linie, wenn überhaupt, an den

Geist, der dahinter steht, sperren sich selbst in Kreisläufe des Leidens und der Illusion ein — in Kreisläufe, die vor wenigen Jahrhunderten unter unserem Volk unbekannt waren, doch die jetzt eure Nation lähmen, eure Vitalität schwächen und eure Kräfte aufzehren.

Schöpfung kann nicht stattfinden, wenn Energien verstreut und vergeudet werden. Schöpfung verlangt Zusammenhalt und die Konzentration eurer Kräfte in einem Zirkel der Verpflichtung — wie ein Samen, ein Ei, ein Mutterleib oder eine Ehe. Wenn ihr erschaffen und nicht zerstören wollt, dann erinnert euch stets an den Heiligen Ring. Bedenkt weise, wie ihr eure Kräfte gebrauchen wollt, und zieht dann den heiligen Kreis der Verpflichtung darum. In der warmen Atmosphäre dieses Kreises baut sich die Kraft der Liebe immer mehr auf — gleich einem Sturm über der feuchten Sommerprärie, bis der Kreis sie nicht mehr zurückhalten kann und in der Geburt des Neuen zerspringt.

Das Feuer ist viel mächtiger als jeder einzelne von euch", sagte Weiße Büffelkalbfrau und zeigte, während sie dies sagte, auf die Flammen, die in der Mitte des Tipis tanzten, „und die sieben heiligen Male, mit denen ich es umrundet habe, repräsentieren die sieben Welten, die es geschaffen hat. Ihr hier lebt in allen sieben Welten, doch ihr seid euch nur einer bewußt, der physischen, äußeren. Ihr habt die inneren Welten vergessen, die Welten der Vision, die Welt, aus der ich komme und in der mein Volk lebt. Ich bin gekleidet wie ihr Präriebewohner, doch mein Stamm heißt nicht Sioux." Sie hielt einen Moment inne und neigte sich langsam nach vorn, um einen brennenden Ast aus den Flammen zu ziehen.

„Mein Stamm heißt Feuervogel", sagte sie ruhig.

„Ich bin einer der Vogelleute, deren Stamm einst diese Schildkröteninsel bewohnte. Erinnert ihr euch an die Geflügelten des Himmels? Die Feuervögel? Die Donnerstämme? Wie lange ist es her, seit ihr in euren Ratsversammlungen nach uns gerufen habt?" Sie ging wieder langsam um das Feuer, hielt den brennenden Ast und schaute, Antwort suchend, in die Gesichter.

Alle Augen wandten sich den Geschichtenerzählern zu.

Die Geschichtenerzähler schwiegen.

„Euer Volk hat das vergessen", fuhr Weiße Büffelkalbfrau fort, „was kostbarer ist als Wasser. Ihr habt eure Verbindung zum Großen Geist vergessen. Ich bin mit dem Feuer des Himmels gekommen", sagte sie, indem sie den brennenden Ast über sich hielt, „um euch wieder an das zu erinnern, was einst gewesen ist, und um euch für die Zeit zu stärken, die euch bevorsteht."

Dann legte sie den Ast zurück in das Feuer und nahm den Lederbeutel, den sie bei sich trug, von ihrer Seite. Viele bemerkten den Beutel erst jetzt. Sie staunten über die schöne Perlenarbeit und die Stachelschweinborstenverzierung auf seiner Vorderseite.

„In diesem Beutel", sagte sie, „ist eine Pfeife. Diese Pfeife ist heilig. Ich gebe sie euch, damit ihr euch an die Lehren erinnert, die ich euch bringe. Behandelt diese Pfeife immer mit Respekt. Tragt sie und die anderen, die ihr nach dieser anfertigen werdet, nur in Beuteln aus dem feinsten Leder, das nur von den ehrfürchtigsten Händen verziert werden darf."

Sie öffnete den Lederbeutel, der die Pfeife enthielt, noch nicht, sondern legte ihn ehrfurchtsvoll neben das Feuer und wies gelegentlich in seine Richtung. Dann erklärte Weiße Büffelkalbfrau den Gebrauch der Pfeife.

„Füllt diese Pfeife mit einem heiligen Tabak, der eigens für diesen Zweck angebaut wurde. Der erste Zug Rauch aus dieser Pfeife soll ein Atemzug der Dankbarkeit gegenüber dem Großen Geist sein, dessen Atem euch das Leben geschenkt hat. Nehmt den Rauch dieser Pfeife als Träger eurer Gedanken, Gebete und Hoffnungen. Schickt sie mit eurem Atem nach oben zu dem Großen Einen, Wakan Tanka, Großvater aller. Gebt diese Pfeife jedesmal, wenn ihr das tut, langsam und ehrfurchtsvoll an diejenigen weiter, die sich mit euch versammelt haben, und jeder soll seinen ersten Zug aus ihr dem Großen Einen über dieser Welt widmen.

Laßt dann bei eurem zweiten Zug Gedanken voller Liebe und Dankbarkeit für eure Mutter, die Erde, aufsteigen. Bedankt euch für das Gras, das ihre Brüste mit Prärien voll blühendem Korn bedeckt. Bedankt euch für das blaue Himmelsdach, das sie über eine Welt spannt, in der man leben kann. Bedankt euch für die Sturmwolken, die den Prärien Regen bringen, Bäche, Wasserlöcher, Quellen und Tümpel füllen. Mit Ehrfurcht gebt die Pfeife im Kreis herum, während jeder einen zweiten Zug nimmt und dasselbe tut.

Gebt euren dritten Zug den Vierfüßlern und den Gefiederten, den Büffeln und Präriehühnern, den Fischen in euren Flüssen und allen Geschöpfen dieser guten Erde.

Und widmet den vierten Zug den Ongwehonwhe. Betet darum, daß euer Stamm immer bei ihnen bleibt und daß eines Tages die Menschen, die der Wahrheit treu geblieben sind, alle Nationen der Welt umfassen."

Die ganze Zeit über hatte Weiße Büffelkalbfrau den Beutel, in dem die Pfeife lag, noch nicht geöffnet. Jetzt band sie langsam die Lederriemen auf, mit denen er verschlossen war, öffnete einen Spalt und griff hinein, um aus dem weißen Lederbeutel eine rote Steinpfeife zu holen. Die Art und Weise, wie sie die Pfeife hochhielt, damit alle sie sehen konnten, sprach von einer solchen Ehrfurcht, daß alle im Tipi still wurden. Viele fühlten in diesem Augenblick, wie sich ihr Herz mit Liebe füllte. In vielen Augen glänzten Tränen.

„Diese heilige Pfeife", sprach Weiße Büffelkalbfrau, „und jeder heilige Atemzug, den ihr durch ihren Hals zieht, wird euch helfen, euch daran zu erinnern, daß jeder Atemzug heilig ist. Der Pfeifenkopf ist aus rotem Stein gemacht. Seine Form ist rund. Er verkörpert den Heiligen Ring, den heiligen Kreislauf von Geben und Nehmen, von Ein- und Ausatmen, in dem alle Lebewesen durch die Macht des Großen Einen belebt werden."

Weiße Büffelkalbfrau bat um ein wenig Tabak, füllte die Pfeife und sagte: „Ich weiß, daß dieser Tabak auf eurem fruchtbarsten Boden gewachsen ist und eure sorgfältigste Pflege genossen hat. Er symbolisiert das Königreich der Pflanzen, das Moos auf den Steinen, die Blumen, Kräuter, die Grashalme, die die Hügel eurer Mutter bedecken, ohne die sie nackt in der Sonne liegen würde. Ihr, mein Siouxvolk, seid hier, um auf die Erde zu achten. Euer Leben ist mit demselben Feuer entzündet worden, das im Herzen des Großen Geistes Wakan Tanka brennt." Während sie das sagte, hielt sie einen Zweig in das Feuer, bis er hell aufloderte.

„So wie ich gerade diesen Zweig an dem großen Feuer entzünde, das in der Mitte dieses Tipis brennt, so ist jeder einzelne Mensch eine Flamme, die aus dem ewigen Feuer der göttlichen Liebe stammt."

Langsam nahm sie den flammenden Zweig aus dem großen Feuer und hielt ihn hoch, damit alle ihn sehen konnten.

„Dieses euer individuelles menschliches Leben genügt, genau wie dieser brennende einzelne Zweig, um ein großes Feuer anzuzünden. Solange sich die Liebe, die in euch brennt, selbstsüchtigen Zielen zuwendet, wird sie so klein bleiben wie diese Flamme. Weil sie klein bleibt, wird sie keine Freude bereiten. Und schließlich wird sie von den wirbelnden Winden des Geistes ausgelöscht werden.

Doch wenn ihr in Harmonie mit dem Großen Geist lebt, werden die Flammen eurer Liebe durch diesen selben Wind angefacht. Ihr habt eine Liebesbeziehung zum Sinn des Lebens! Ihr zündet das Feuer der Liebe in allen an, denen ihr begegnet. Dann kennt ihr den Sinn euer Erdenwanderung und wißt, warum euch der Große Eine eine Lebensflamme gab: nicht, damit ihr eure kleine Flamme für euch behaltet, um ausschließlich das zu lieben, was allein ihr benötigt, sondern um sie weiterzugeben, um mit dem Feuer eurer Liebe der ganzen Erde Bewußtsein zu geben."

Während sie das sagte, hielt sie den brennenden Zweig so, daß die Flamme direkt über dem roten Pfeifenkopf flackerte. Sie ließ die Flamme die Mitte der Pfeife berühren und zog sanft am Stiel, bis der Tabak hell aufglomm. Die ersten Schwaden des heiligen Rauches zogen durch den Raum. Es schien denen, die anwesend waren, als ob sie noch nie gesehen hätten, wie eine Pfeife angezündet wird.

„So wie der Tabak, der in dieser Erdpfeife brennt, für das Königreich der Pflanzen steht", fuhr Weiße Büffelkalbfrau fort, „so verkörpert dieser Büffel, den ihr auf dem steinernen Pfeifenkopf eingraviert seht, die vierbeinigen Geschöpfe, die mit euch diese heilige Welt, Etenoha, teilen.

Die zwölf Federn, die vom Pfeifenhalse herunterhängen, stammen von Wambli Galeshka, dem gefleckten Adler. Sie sollen euch an die gefiederten Rassen erinnern, mit denen ihr den großen Himmelskreis teilt; doch sie sollen euch auch an euer geistiges Selbst erinnern, an die Vogelstämme, die Gefiederten des Himmels. Wenn ich euch jetzt die Pfeife weitergebe und ihr mit dem ersten Zug dem Großen Geist dankt, dann sollen euch die Federn an die Geistwesen erinnern, die von den Sternen kamen, um euer menschliches Leben zu erleuchten. Diese zwölf heiligen Federn sollen eure Gedanken erheben und sie von der Schwerkraft kleinlicher, eifersüchtiger Leidenschaften abziehen. Laßt eure Gedanken wie diese Federn, die einst mit Wambli Galeshka flogen, hoch über die Welt des kleinen Ich fliegen.

Nehmt diese Pfeife. Dankt dem Großen Geist und gebt die Pfeife weiter an die anderen in diesem Kreis. Erhebt eure Gedanken zu dem Großen Einen, der jetzt kommen und euer Gedächtnis auffrischen und die Augen eurer Geschichtenerzähler öffnen wird.

Jede Morgendämmerung, die so rot am östlichen Himmel aufzieht wie der rote Kopf dieser Pfeife, ist die Geburt eines neuen, heiligen Tages. Und so wie die aufgehende Sonne die Dunkelheit vertreibt, so vertreibt das Licht all derer, die lieben, die Dunkelheit der Selbstsucht und löst die Schatten auf, die Unglück bringen.

Denkt daran, alle Geschöpfe stets als heilige Wesen zu behandeln: die Menschen, die hinter euren Bergen leben, die Geflügelten des Himmels, die Vierbeiner, die Fische, die sich hinter den kühlen Felsen in silbernen Flüssen und Seen verstecken, sie sind alle eure Brüder und Schwestern. Sie sind alle heilige Teile im Körper des Großen Geistes. Jeder ist heilig.

Der schwierigste Teil dieser Lehre wird sein, diesen Respekt auch auf die Menschen eurer Nachbarstämme auszudehnen. Erinnert euch, daß sie, gleich euch, heilige Menschen sind, die eine bestimmte Aufgabe im großen Wesen von Wakan Tanka zu erfüllen haben. Ihre Arbeit ist nicht eure Arbeit, sie haben andere Aufgaben, doch ihr erfüllt denselben Zweck. Die Sonne, die euch bescheint, findet nicht, daß ihr so verschieden seid. Ihr müßt friedlich Seite an Seite mit denen leben, deren Haut nur in einem anderen Ton der Farbe Rot gefärbt ist.

Denn bald wird ein Volk kommen, das nicht eure Hautfarbe hat. Es ist weiß wie der Schnee, der in den Wintermonaten fällt. Mit ihm werden die Schwarzhäutigen kommen. Und die mit gelber Haut. Und die, deren Hautfarbe dazwischenliegt.

So wie die Farben der Regenbogen verschmelzen, die die Prärie nach dem Sturm überspannen, so müßt ihr der weißen Rasse, der schwarzen Rasse und der gelben sagen, wenn sie kommen, daß ihr zuerst und vor allem das Volk des Großen Geistes seid, auch wenn ihr eine rote Haut habt. Gebt den wandernden Völkern ein Beispiel, indem ihr euch friedlich mit euren Nachbarstämmen vermischt. Helft alle Menschen in die Harmonie des Regenbogens führen."

Und dann wurde die Pfeife herumgegeben, und Weiße Büffelkalbfrau schwieg, bis alle Anwesenden ihren ersten Zug getan haten. Ein zweites Mal wurde die Pfeife in Ehrfrucht vor der Erde herumgegeben, ein drittes Mal für die Vierfüßler und die Geflügelten. Ein viertes Mal ging die Pfeife aus Ehrfrucht vor den vielen menschlichen Stämmen herum, vor denen aus der fernen Vergangenheit, der lebendigen Gegenwart und vor denen, die erst sein werden. Nachdem alle, die im großen Tipi zusammensaßen, ihren vierten Zug getan hatten, hob Weiße Büffelkalbfrau ehrfürchtig die Pfeife, damit alle sie sehen konnten.

„Tragt eure Pfeife immer bei euch. Behandelt sie wie einen heiligen Gegenstand. Ehrt alle Geschöpfe und lebt euer Leben in Harmonie mit dem Heiligen Weg der Ausgewogenheit, von der jeder Baum, jede Blume und jeder neue Tag spricht. Es wird viele Jahreszeiten geben, wo sich euer Herz klar und rein wie ein Gebirgsquell fühlen wird. Dann werdet ihr um den Frieden und die Freude des Großen Geistes wissen. Doch wenn ihr je heute oder in den schwierigeren Zeiten, die kommen werden, straucheln solltet, wenn ihr je fühlt, daß ihr vom Pfad des Heiligen Weges abgekommen seid, wenn sich euer Herz schwer fühlen sollte, dann verliert keine Zeit mit Bedauern. Ich will euch eine Zeremonie geben", sagte sie, stopfte die Pfeife erneut und entzündete sie an dem heiligen Feuer, „eine Zeremonie, die jeder von euch mit anderen durchführen kann, allein in euer Unterkunft oder draußen in der Prärie.

Beendet eure Tätigkeiten. Sucht einen Felsen, auf dem ihr sitzen könnt. Bittet um die Führung des Großen Geistes, wie ich es euch gelehrt habe, wickelt die Pfeife aus und laßt euch durch ihren roten Kopf an den heiligen Weg erinnern, den Weg des Lebens, den roten Pfad der Sonne. Wenn ihr den Rauch zum Großen Geist, der Erde, den Tieren und den Menschen gesandt habt, die in der Wahrheit leben, wenn ihr euch bei den vier Himmelsrichtungen bedankt habt, dann nehmt den fünften Zug und bittet die großen geflügelten Wesen der geistigen Welt um Führung.

Bittet das besondere geflügelte Wesen der geistigen Welt, das euch am nächsten steht, um Hilfe, daß ihr den weisesten Weg für euch erkennt. Bittet diesen Geist um Hilfe, die klarste Entscheidung zu treffen und die Schritte auf dem Weg zu erkennen, die euch euer tiefstes Wissen gehen lassen will. Mit der Zeit werdet ihr das Geistwesen als euer eigenes, wahres Selbst erkennen. Doch bleibt noch an dem stillen Ort, wo euer tiefstes Wissen seine Herberge hat. Das wird euch mit den Dingen in Verbindung bringen, die ihr in der Hetze des Lebens vergessen haben mögt. So erlaubt ihr dem Feuer, das in euch brennt, in klaren, ununterbrochenen Sätzen zu euch zu sprechen.

Mit diesem fünften Zug, dem Zug, den ihr dem unsichtbaren Geist darbringt, der euch führt, werdet ihr erkennen, daß diese geistige Welt real ist, bewohnt von weisen und wohlwollenden Wesen, die über eure Versuchungen und Mühen wachen und euch nicht helfen oder beistehen können, solange ihr sie nicht darum bittet. Bittet mit diesem Zug die Geistwesen, die euch umgeben, in euer Leben zu kommen. Sagt ihnen, daß ihr dem Großen Geist und ihnen bei der Arbeit helfen wollt, und fragt sie, wie ihr das tun könnt. Wenn ihr dem Großen Geist bei seiner Arbeit helft, werdet ihr euch selbst viel mehr helfen, als wenn ihr nur mit euren eigenen Angelegenheiten beschäftigt seid. Menschen sind nicht wirklich glücklich oder gesund, wenn sie nicht dem Ziele dienen, für das Gott sie geschaffen hat.

Widmet den sechsten Zug den sechs Menschen, denen ihr besonderen Segen wünscht. Einem lieben Menschen, dessen Seele den Körper verlassen hat. Einem jungen Manne oder einer jungen Frau, die bald erwachsen sein werden. Dem Führer eines Nachbarstammes, dem ihr wünscht, daß sich seine Weisheit vertiefen möge. Vielleicht euren eigenen Großvätern, Großmüttern oder Familien. Wählt jedesmal, wenn ihr das tut, sechs Menschen aus, denen ihr am meisten Gottes Lächeln wünscht. Widmet ihnen diesen Zug."

Dann erklärte Weiße Büffelkalbfrau, wie der sechste Zug für jeden Menschen, der bedacht werden soll, in sechs kleine Züge aufgeteilt werden kann. Als die Pfeife langsam herumging, malte sie Kreise in den Sand, die die Seelen dieser sechs Menschen darstellen sollten. Dann malte sie um alle gemeinsam einen großen Kreis, um den Segen darzustellen.

Als alle Anwesenden ihren sechsten Zug beendet hatten, wandte sich Weiße Büffelkalbfrau langsam um und sah jeden einzelnen an. Im Tipi wurde es sehr still. Selbst die Brise draußen kam zur Ruhe, und die Tipidecken hingen bewegungslos an den Stangen. Sie erklärte, daß der siebte Zug stets in Stille geraucht werden müsse, denn er werde dem Großen Wesen gewidmet, von dem alle Wesen stammen. Sie sagte, daß es besser sei, dem heiligen Mysterium an der Quelle des Lebens ohne Worte zu begegnen.

Als der siebte Zug vollendet war, empfanden alle Anwesenden in dem großen Tipi aus den vielen Häuten eine solche Einheit, daß es ihnen schien, als ob sie alle nur ein einziges Wesen seien. In vollkommener Stille breitete sich das Schweigen gleich warmem Wasser aus und löschte die letzten Spuren von Disharmonie aus den Herzen der Sioux.

Weiße Büffelkalbfrau schwieg viele Augenblicke lang. Als sie wieder sprach, verglich sie ihre Lehren mit einem Baum, einem Baum, der durch Verständnis blühen würde, wenn sie sich diese Dinge zu Herzen nähmen und sie in ihrem täglichen Leben anwendeten. Sie sagte den Sioux, daß ihre individuellen menschlichen Leben wie die einzelnen Blätter eines Baumes seien und daß kein Baum Blätter habe, die so dumm wären, einander zu bekämpfen.

„Kein Volk, daß in der Wahrheit lebt, ist so blind", sagte sie, „die Mitglieder seines Stammes sich untereinander bekämpfen zu lassen. Erinnert euch, daß es keinen Grund gibt, gegen einen anderen Menschen Gewalt anzuwenden, außer als letzte Möglichkeit, um euch selbst oder eure Familien zu schützen.

Für eine lange Zeit", fuhr sie fort, „werdet ihr im heiligen Schatten dieses Baumes des Verstehens leben, den ich heute abend in euer Bewußtsein pflanze. Und die Generationen, die direkt nach der euren kommen, werden das Volk der Sioux wieder zu einem Heiligen Kreis vereinen. Seid diesem Kreise treu, meine Büffelfrauen, meine Krieger, mein Volk der Ebene. Seid diesen Wegen treu und haltet euch an die Wahrheit. Denn wie ein dunkler Sturm aus dem Osten wird einst eine Zeit kommen, wo die Prärien von Menschen überrannt werden, die schnell sprechen, wenig verstehen und große Macht haben.

Der heilige Baum des Verstehens, den ihr in diesen nächsten Generationen in euch tragen werdet, wird in diesem Sturme gefällt. Es wird so scheinen, als ob der Baum stürbe. Der Heilige

Ring wird dahinschwinden, bis er fast vergessen ist. In den Herzen einiger weniger wird das Licht der Wahrheit weiterbrennen, doch das Licht wird schwach werden und selbst in diesen wenigen nur noch matt glimmen.

Doch die Glut wird bleiben. Ganz ruhig wird sie überdauern. Fast vergessen, wird sie immer noch schwach in den Herzen der Sanften glimmen. Selbst wenn eine fremde, gehetzte Nation die Prärie überzieht, wenn eure Mutter Erde gekauft und verkauft und gestohlen wird, als ob sie nicht mehr als eine Handvoll Perlen sei, selbst wenn Menschen in brüllenden Schiffen aus magischem Stein durch die Himmel fliegen, wird diese Glut ihren Schimmer bewahren. Und wisse, mein Volk: *Mit ein wenig Glut kann ein großes Feuer angefacht werden!*

Denn wenn der Sturm vorüber ist, wird diese Glut eine Morgendämmerung entfachen, die heller sein wird als jede Dämmerung vor ihr. Ein neuer Baum wird wachsen, viel herrlicher als der Baum, den ich euch jetzt zurücklasse. In dieser neuen Dämmerung will ich zurückkehren. Unter dem Schatten dieses neuen Baumes will ich mit euch leben. Und mit uns werden sich nicht nur die roten Stämme versammeln, sondern die weißen Stämme aus dem Norden, die schwarzen aus dem Süden und die gelben aus dem Osten. In Harmonie werden die vier Rassen unter den Ästen des neuen Baumes leben. Das Zeitalter, das wir zusammen erleben werden, wird das beste sein, das je gewesen ist. Alles, was zerbrochen war, wird wieder heil. Der Heilige Ring wird wieder ganz. Das Spiel wird mannigfach sein, und der Geist aller Kreaturen wird in der Harmonie einer neuen, vollkommenen Ordnung jauchzen. Der Große Geist, der Donnervogel selbst, wird in den Rassen aktiv, wird in ihnen leben, atmen und sich in den Völkern der Erde zum Ausdruck bringen. Dann werden die Nationen Frieden finden, denn die ursprünglichen Schöpfer des Lebens, die Geflügelten, kehren zurück."

Kapitel 6

Der große Friedensstifter

In unserer ursprünglichen Vision war die Integrität der amerikanischen Völker gewahrt geblieben. Wäre das gelungen, hätte sich der europäisch-amerikanische Austausch rein erzieherisch gestaltet, und die eingeborenen Amerikaner hätten die Kriegerstämme belehrt, geheilt und bewußt aus der Dunkelheit geführt. Wenn sich die amerikanischen Stämme nicht von unseren Wegen entfernt hätten, wären die letzten fünfhundert Jahre menschlicher Geschichte ganz anders verlaufen. Nicht nur die Europäer zerstörten den Frieden; niemals hätten sie ihre Kultur auf amerikanischen Boden übertragen können, wenn die Völker an den Seen wahrhaftig geblieben wären. Und dennoch ist dies kein Urteil.

Einem Einwohner des Amerika vor fünfundzwanzig Jahrhunderten mit einem empfindsamen menschlichen Herzen war es nicht möglich, emotionale Turbulenzen seiner Zeit nicht zu spüren. Wir hatten gehofft, daß die Wahrheit, mit der unser Volk so lange gelebt hatte, in diesem Zeitalter der Reinigung von Nutzen sein werde. Wir hofften, daß es den Druck der kollektiven Angst in seinem Herzen zwar spüren, ihr aber nicht erlauben würde, es zu kontrollieren, und daß es eine Rasse der Heiler und Lehrer bliebe. Doch es kam ganz anders.

In den Völkern Süd- und Mittelamerikas (wo die Menschen ihrer Veranlagung nach schon immer offen, liebevoll und entspannt gewesen waren) begann sich der wachsende Druck des kollektiven menschlichen Bewußtseins als eine fremde, neue Tendenz zu offenbaren, die Ereignisse der Welt, die sie umgab, aus der Angst heraus zu deuten. Das gab ihrem Ego natürlich Auftrieb. Selbstsüchtiges Verhalten erfuhr mehr und mehr Rechtfertigung, bis es weit verbreitet war und sich in verdorbenen Stadtstaaten konzentrierte. Schließlich erschufen die Menschen das, was sie fürchteten. Ausbeuterische, hierarchische Gesellschaften entstanden da, wo das Leben viele tausend Jahre lang in friedlichem, dezentralisiertem Zusammenwirken mit der Erde und ihren Geschöpfen verlaufen war. Die Völker Amerikas hatten schon immer ihre Prüfungen gehabt, doch waren sie vor dieser Zeit von außen gekommen: als Fels und Wind, Hitze und Regen, die den menschlichen Erfindungsgeist herausgefordert hatten. Bis zu der Zeit hatten die Stämme Amerikas die destruktiven Herausforderungen noch nicht kennengelernt, die von innen kommen, wenn die Menschen Angst haben und in sich selbst zerrissen sind.

Als das Volk der Vogelstämme den Kontakt zu seinem ewigen Geist einmal verloren hatte, war es ebenso verantwortlich für das, was die Europäer brachten, wie die Eroberer selbst. Es blieb ihm keine andere Wahl, als mit den Kriegerstämmen zu verschmelzen, auf daß am Ende alle zusammen wieder bewußt und heil werden konnten.

Es war eine dunkle Stunde, doch keine Stunde ohne Hoffnung. Das Vorwärtsdrängen der größeren Zyklen führte noch immer alle Dinge unaufhaltsam ihrer letztendlichen Heilung entgegen. Selbst als sich die Azteken, Inkas, Mayas, Olmeken und Tolteken in der Angst verfangen hatten, gab es noch amerikanische Stämme, die der Wahrheit treu geblieben waren. Hier und dort inkarnierten sich einige wenige von uns eine Zeitlang und hatten Einfluß. Quetzalcoatl. Deganawida. Weiße Büffelkalbfrau. Ulikron, der Goldene der Sonne. Doch wie die Jahrhunderte vorüberzogen und es immer schwieriger wurde, schwangen wir uns einer nach dem anderen in die Lüfte und flogen in die geistige Welt, nahmen keine menschliche Gestalt mehr an, bis der große Fluß der Zeit die Änderung des Zeitalters herbeiführen würde. Die Vogelstämme bleiben nicht, wo sie nicht willkommen sind. Wir drängen uns nicht auf. Wir vereinigen uns nur dann mit unseren Egos, wenn diese uns willkommen heißen. Wir schweben sanft in den menschlichen Bereich, um anzubieten, was wir sind, und verschmelzen nur dort mit ihnen, wo wir auf Offenheit und Vertrauen treffen.

Solange wir konnten, inkarnierten wir uns in den beiden Amerika. Doch schließlich erschuf der Druck des kollektiven menschlichen Bewußtseins, angstbestimmt, wie es war, derart starke emotionale Störfelder, daß es für die meisten leichtherzigen Sternengeister zu schmerzlich war, in den Kriegerstämmen zu inkarnieren. Zu der Zeit, als die ersten europäischen Siedler die eingeborenen Amerikaner trafen, begegneten sie einem Volk, dessen wahre, ursprüngliche soziale Ordnung seit über zweitausend Jahren im Niedergang begriffen war.

Zu diesem Zeitpunkt gab es nur wenige von uns, die so weit südlich wie bei den Großen Seen inkarniert waren. Die meisten von uns hatten sich in die Berge oder weit in den Norden zurückgezogen. Gegen Ende verließen wir selbst den Norden, ohne eine Spur zu hinterlassen, und zogen uns unverkörpert in die geistigen Welten zurück. Wir wußten, daß die unaufhörlich rollenden Zyklen unsere Zeit auf der Erde zurückbringen würden. Und die meisten von uns waren es zufrieden zu warten.

Ich war einer der wenigen, die weiterhin ein Kleid aus Materie anzogen.

Eine Zeitlang versuchte ich, den Nationen der nordamerikanischen Wälder die alte Realität nahezubringen, die die Ongwehonwhe einst erlebt hatten. Ich wußte, daß meine Anstrengungen in einem Zeitalter, in dem die vorherrschende menschliche Schwingung die Angst war, nur teilweise Erfolg haben konnten, doch ich wußte ebenfalls, daß die Mission, die ich erfüllen wollte, das Trauma der anstehenden europäischen Invasion zu einem großen Teile mildern konnte.

Eine Konföderation friedlicher, kooperativer Stämme entlang der nordamerikanischen Küste würde ein machtvolles Zentrum schaffen, von dem aus unsere Energien in der schwierigen Zeit, die immer näherkam, ausstrahlen konnten. Es war durchaus denkbar, daß wir von solch einem Zentrum aus unseren Einfluß mit der Zeit vielleicht über die Großen Seen hinaus bis zum Mississippi und zu den Menschen der Ebenen ausdehnen konnten.

Zusätzlich zu dem unmittelbaren Wert, den die Konföderation für die Mitgliedsvölker selbst hätte, würden die Prinzipien, die die verbündeten Stämme leiteten, dazu verhelfen, die Gewalt zu mindern, welche die massive europäische Einwanderung mit sich bringen würde und die in nur wenigen Jahrhunderten bevorstand. Die Konföderation würde den bewußten Austausch aller Völker Nordamerikas auf eine höhere Ebene heben. Sie würde einen Präzedenzfall für das menschliche Bewußtsein schaffen, eine Schablone, ein Muster, das die Gedanken der Menschen der kommenden Generationen subtil beeinflussen würde. Dieses Ziel rechtfertigte einen Versuch. Selbst ein teilweiser Erfolg würde von bleibendem Wert sein. Ich zentrierte mein Bewußtsein und bereitete mich auf mein Hinuntergehen vor.

Ich ließ meinen Geist über den Wäldern von Ontario schweben. Eine mutige, starke Familie, die in einem Stamme am Nordufer des großen Binnensees lebte, lud mich zu sich ein. Ich wurde geboren und als Hurone aufgezogen. Ich lebte in einem Huronendorf.

Als der, der heute der große Friedensstifter genannt wird, reiste ich unter den irokesischen Nationen. Ich erinnerte sie an die Geflügelten Stämme, die ihnen helfen konnten, und an die Heiligkeit allen Lebens. Ich lehrte sie, daß Krieg einen Menschen ebenso boshaft macht wie seinen Feind und daß Kämpfen aus einem anderen Grunde als dem der Selbstverteidigung einen Krieger zu dem werden läßt, was er verabscheut.

Ich brachte meine Botschaft zuerst zu den tapfersten der nordöstlichen Stämme, zu den Ganienkehaga, den Leuten des Feuersteins, oder den Mohawks, wie sie heute genannt werden. Obwohl sie zu den entfernteren späteren Abkömmlingen der ursprünglichen Vogelstämme gehörten, die sich seit mehreren Generationen schon entfernt hatten, hatten sie sich ein tiefes inneres, rhythmisches Gefühl für die Wahrheit, die ich ihnen brachte, bewahrt. Ich wußte, wenn die Mohawks dem Frieden zwischen den Stämmen zustimmten, würde es leichter sein, die anderen Irokesennationen dafür zu gewinnen; denn die Mohawks waren berühmt für ihre Tapferkeit und ihre kriegerischen Fähigkeiten, und die anderen Stämme würden sich sicher für alle bedeutsamen Neuigkeiten interessieren, die die Mohawks betrafen.

Kapitel 7

Bei den Ganienkehaga

„Wer ist dieser Hurone? Glaubt er, daß wir seine Predigten brauchen?" rief der alte Krieger aus. „Hat er diese Lehren bei seinem eigenen Volke ausprobiert? Er soll zurück zu seinen Leuten gehen. Wenn sein Volk nach diesen Sprüchen gelebt hat und wenn Friede unter den Stämmen nördlich der Seen eingekehrt ist, dann kann er zurückkehren, dann werden wir ihm vielleicht zuhören. Doch jetzt sind seine Worte leere Worte. Nimm sie mit dir dahin zurück, woher du gekommen bist, Hurone. Du bist uns nicht länger willkommen. Deine Worte sprechen nicht vom Frieden. Sie sind zweideutig und verwirren die Köpfe meiner jungen Männer."

Ohne zu antworten, verließ ich das Beratungsfeuer.

Ich war jetzt schon einige Wochen bei den Mohawks. Anfänglich hatten sie mich, den vollkommen Fremden aus dem Norden, nur widerstrebend geduldet. Doch nun war selbst diese widerwillige Bereitschaft dahin. Ich hatte während der langen Vorfrühlingsabende von der unnützen Tragödie der Kriege unter den Stämmen gesprochen. Am zentralen Dorffeuer hatte ich meine Vision vorgestellt: Mohawks, Oneidas, Onondagas, Kayugas und Senecas, die alle durch ein Abkommen friedlich zusammenleben.

Jedoch hatte meine Anwesenheit im Laufe der letzten Wochen viele Dinge, einschließlich eines gewissen wachsenden Streits um Worte, an die Oberfläche gebracht. Die Meinungen über die Weisheit meiner Worte gingen auseinander. Die Minderheit, die meinen Worten glaubte, geriet in hitzige Auseinandersetzungen mit den älteren Kriegern, die jedem meiner Worte mißtrauten.

Vielleicht wäre mir noch mehr Zeit vergönnt gewesen, meine Vision vorzustellen, wenn die Mohawks damals nicht gerade einen verbitterten jungen Besucher von einem benachbarten Stamm zu Gast gehabt hätten. Ayawentha, einen Onondaga, der mich, aus keinem erkennbaren Grund, von Anfang an ablehnte. Haßerfüllt und rasch erzürnt, widersprach er heftig jedem Argument, das ich zugunsten einer Konföderation vorbrachte. Er bedeutete den Mohawks, daß meine bloße Anwesenheit eine Quelle der Trennung und des Konfliktes sei, und daß ich, während ich von Frieden sprach, dem Stamm in Wahrheit Disharmonie brachte, indem ich Uneinigkeit und Verwirrung stiftete. Ayawentha oder *Hiawatha,* wie er öfter genannt wurde, behauptete, daß dies mein Ziel, meine wahre Absicht sei, meine Worte des Friedens dagegen bloße Täuschung.

In jener Nacht schlief ich alleine, abseits vom Lager.

Es war warm geworden. Die Luft stand schwer und erwartungsvoll. Ich konnte den aufkommenden Regen riechen. Spät in der Nacht spähte ich in die wolkige Schwärze über mir und dachte über meinen nächsten Schritt nach. Nur einmal konnte ich einen flüchtigen Blick auf die Sterne erhaschen. Ich erwachte spät, ohne zu einem Schluß gekommen zu sein. Als ich einige Meilen zu einem Gebiet gewandert war, das man wegen seines Wildreichtums schätzte, füllte sich der Himmel mit einem Gebräu dunkler Wolken. Der Sturm stand kurz bevor.

Am frühen Nachmittag jagte ich am Rand einer tiefen Schlucht und legte mich in die Äste einer großen sterbenden Eiche, die über den Rand eines mehrere hundert Meter unter mir liegenden Flußbettes ragte, das nur zu bestimmten Jahreszeiten Wasser führte. Von diesem überhängenden Baum aus konnte ich fast eine Meile weit in jede Richtung sehen und hoffte, die gegenwärtige Position der Weißschwanzherde auszumachen, deren Spuren mich in diese Gegend geführt hatten. Ich überlegte, daß die abendlichen Diskussionen am Feuer sicher besser verlaufen würden, wenn ich ein Reh mitbrächte; denn ich hatte nicht vor, meine Mission aufzugeben. Ich wollte nicht zulassen, daß ein paar harte Worte ein Lebenswerk zunichte machten.

Zu meiner Überraschung hörte ich, wie sich im Wald hinter mir viele Menschen näherten. Dieser Ort war sehr abgelegen, und dennoch verriet mir das Rascheln der Blätter, daß es eine ganze Menge sein mußten. Zwei Krieger rannten den anderen voraus und bedeuteten mir, indem sie die zitternden Pfeile auf mich richteten, da zu bleiben, wo ich war. Ich fand später heraus, daß Hiawatha die Gelegenheit während meiner Abwesenheit am Morgen genutzt hatte, die Gemüter der obersten Krieger der Mohawks, einschließlich des Häuptlings und seiner engsten Berater, so zu erregen und aufzubringen, daß alle gemeinsam aufgebrochen waren, mich zu töten, um sich damit von einem Mann zu befreien, den sie jetzt alle als Feind betrachteten.

Sobald sich die Gruppe bei dem Baum am Rande der Schlucht versammelt hatte, begannen sie mich auf das heftigste zu beschimpfen, und beschuldigten mich, ein Agent der Huronen zu sein, der mit dem Auftrag gekommen war, die Einheit ihres Stammes zu spalten.

Zuerst hörte ich geduldig zu. Doch dann erwachte mein Kampfgeist. Ich ignorierte die Anweisung der beiden jungen Männer, deren Pfeile auf mich gerichtet waren, und stellte mich in die mittlere Astgabel des gewundenen sterbenden Baumes. Obwohl sie behaupteten, Frieden zu wollen, sagte ich zu ihnen, wären sie so rasch bereit, sich zu verteidigen, so mißtrauisch und so wenig gewillt, einem Krieger aus einem Nachbarstamm und seiner lauteren Motivation Glauben zu schenken, daß sie sich durch ihre Angst Feinde schüfen. Ich nahm meinen Fall als Beispiel für einen Menschen, der in Freundschaft und Frieden gekommen sei und der sich jetzt so mißverstanden und zu Unrecht beschuldigt fühle, daß er sehr wohl ihr Feind hätte werden können, wenn er nicht eben wie ich beschaffen wäre.

Ich erklärte ihnen, wie ihre eigene Angst und ihr Mißtrauen viele der Nachbarstämme zu Feinden gemacht hätten, und daß diese Nachbarn in Wirklichkeit den Frieden genauso wollten wie die Mohawks.

„Seht“, sagte ich, indem ich auf den Boden um den Baum deutete, „ich kann euren Haß und eure Angst sehen. Könnt auch ihr sehen, wie sie durch die Luft knistern?“ In diesem Augenblick barsten plötzlich die Sturmwolken, die sich unmerklich über uns aufgebaut hatten. Ein betäubendes Donnergebrüll schüttelte den Baum unter mir, und ein gezackter Blitz tanzte bedrohlich über der Stelle, auf die ich gerade gedeutet hatte.

„Seht“, wiederholte ich in der folgenden Pause, „ich will euch euren Haß zeigen. Er fließt von eurer Gruppe dort den Stamm dieses unglücklichen Baumes hoch und teilt sich wie hier diese sterbenden, verdrehten Äste in zehntausend Zweige und mürbe Astgabeln. Ihr lebt mit der Vorstellung, daß Krieg zwischen den Stämmen notwendig sei, doch diese Idee ist genauso falsch und unglücklich und steht genauso auf der Kippe wie dieser sterbende Baum, der aufgegeben über der Schlucht hängt.

Euer Glaube, daß Krieg eine Möglichkeit des Lebens ist, trennt euch nicht nur von anderen Stämmen, so wie die Äste dieses verdrehten Baumes sich von seinem Stamm trennen, sondern er trennt euch auch von euren Familien, euren eigenen Herdfeuern, von all den Dingen, die euch am liebsten sind. Und an jedem Tag, an dem ihr fort seid, um zu kämpfen, wißt ihr, daß das wahr ist. Erhöht ihr eure Sicherheit durch euren Glauben an diese ungeheure Lüge? Nein! Die Idee selbst trennt euch voneinander, denn sie ermutigt Wertvorstellungen und Verhaltensweisen, die dem Frieden unter den Kriegern, dem Frieden für eure Dörfer und den glücklichen Liedern rund um eure heiligen Feuer abträglich sind.

Die Lüge, an die ihr glaubt, ist wie ein sterbender Baum, ein Baum, der keinen Schutz mehr bietet, kein Brennholz, keinen Schatten hergibt, ein Baum, der die Stärke untergräbt und die Werte all derer verwirrt, die sich in seinen vielen hinterhältigen Ästen verfangen. Wenn ihr euer Leben weiterhin bei den Wurzeln dieses trügerischen Kriegsbaumes führen wollt, werdet ihr, wie der junge Hiawatha da, die Verwüstungen des Krieges auch in euren Herzen spüren. In jeder Seele werden die Schlachten toben, wenn ihr euch wie Hiawatha von dem inneren Frieden trennt, der das Geburtsrecht des Wirklichen Volkes ist.

Ich bin kein Mohawk. Das wißt ihr. Doch ich bin auch nicht der Hurone, der jetzt eurer Meinung nach alleine dasteht. Ich bin vom Stamm des Wirklichen Volkes. Ich bin ein Ongwehe-honwhe. Ich stehe für die Unsichtbaren, für die Geflügelten des Himmels. Sie sind jetzt bei mir. Der Atem ihres Geistes erfüllt meinen Körper, und meine Stimme trägt ihre Macht. Zusammen flehen wir euch bei der Liebe zu allem an, was heilig und wahr ist, bei der Liebe zu euren Familien, euren Kindern und Kindeskindern: Verlaßt den trügerischen Baum des Krieges und hebt eure Waffen nur gegen einen anderen Menschen, wenn ihr euer Leben verteidigen müßt. Baut eure Dörfer unter die großen Zweige des lebendigen Friedensbaumes. Männer der Mohawks, wenn ihr die Ehre schätzt, wenn ihr die Wahrheit schätzt, wenn eure Kinder gesund und heil aufwachsen sollen, dann fällt den Baum der Gewalt in euren Herzen."

„In Ordnung! Wir werden diesen Baum der Gewalt aus unseren Herzen reißen!" — Hiawatha kochte vor Wut. „Wir werden ihn hier und jetzt fällen und dich mit ihm, damit er in den Abgrund stürzt, wo Geier, Wolf und Panther das bißchen Nahrung finden mögen, die dein Kadaver hergibt."

Aus den Reihen der versammelten Krieger ertönte ein beifälliges Raunen. Ein älterer Häuptling hob seine Hand, gebot Ruhe und sagte: „Deganawida, du hast diesen Baum, auf dem du stehst, als Beispiel gebraucht, um uns, die doch über dir stehen, zu sagen, was wir mit unserem Leben tun sollen. Wir brauchen deinen Rat nicht. Wir entscheiden selbst, was wir in unserem Leben behalten. Wir entscheiden auch, was wir fällen. Ich glaube, daß der junge Hiawatha diesmal weise gesprochen hat. Wir werden diesen Baum wirklich fällen", sagte er, und sein Gesicht verfinsterte sich, „damit du mitsamt deinen trennenden Worten in den Abgrund stürzt und unserem Volk keine Schwierigkeiten mehr bereitest."

Mit scharfen Kommandos befahl er einigen Kriegern, den Baum abzuhacken. Doch schnell wie der Blitz zog ich, noch bevor sie beginnen konnten, meinen Tomahawk aus dem Gürtel. Ich deutete mit ihm auf die dunklen Wolken über mir und stieß einen so wilden, furchtbaren Schrei aus, daß einige der Mohawks glaubten, ich hätte damit dem Himmel den Befehl gegeben, sich zu öffnen, denn es begann wahre Sturzbäche zu regnen.

„Nein, ihr Krieger aus dem Stamme der Mohawks", schrie ich durch den heftigen, windgepeitschten Regen, „*Ich* war es, der gesagt hat, daß der verdrehte Baum des Krieges in euren Herzen gefällt werden muß. *Ich* werde diesen Baum hier abhacken und mit ihm in den Abgrund stürzen. Meine Tat wird euch eine Lehre erteilen, die euch meine Worte nicht geben können. Kein Mann sollte Angst haben, die Falschheit aus seinem Leben zu schneiden, selbst wenn er das herausschneiden muß, auf dem er steht. Wenn er die Falschheit erkannt hat, sollte er sich nicht fürchten, sie aufzugeben. Denn wenn man etwas als Lüge erkannt hat und trotzdem dabei bleibt, schwört man zukünftigem Frieden und zukünftiger Freude ab. Und wenn eure Wurzeln so beschaffen sind, hat das Leben keinen Wert mehr."

In wildem Ungestüm begann ich, den Baumstamm anzuhacken, auf dem ich stand. Die Mohawks waren verblüfft. Sie standen schweigend da und schauten im strömenden Regen zu. Mit kriegerischer Leidenschaft arbeitete ich mit meiner Waffe, trieb sie unaufhörlich mit gewaltigen Schlägen in die dunkle Maserung des Stammes, und jeder Hieb grub sich tiefer ein.

Fast eine Stunde verging, die nur durch den fallenden Regen und das Geräusch der Hiebe meines Tomahawks gegen das Holz unterbrochen wurde.

Ich schwieg, bis der Stamm nur noch durch ein schmales Stück mit den Wurzeln verbunden war. Ich wußte, daß dem Baum ein oder zwei zusätzliche Hiebe reichen würden. Ich stand auf, zum erstenmal, seit meine Leidenschaft entbrannt war. Dieses Mal hatten die Gesichter, in die ich blickte, einen anderen Ausdruck. Dies hier respektierten sie. Dies hier verstanden sie.

Wie bei allen, die hier mit dem Großen Geist verbunden sind, befand sich auch mein Zeitplan in vollkommener Harmonie mit der Natur; denn in dem Augenblick, als ich mich aufrichtete, brach die Sonne durch die Wolken, und ein Regenbogen spannte sich leuchtend über das Tal hinter mir. Ich deutete auf den Sonnenkreis. Ich deutete auf das Rund des Horizontes. Ich sprach von den vielen vollkommenen Kreisläufen in der Natur, den Kreisläufen des Mondes, der Sterne des Nachthimmels, der Jahreszeiten, der reifenden Trauben an den Weinstöcken und dem Rund eines ehrlichen, offenen Auges.

„Die Wahrheit ist schön", sagte ich. „Die Wahrheit ist wie ein Kreis. Doch der Regenbogen, den ihr hinter mir seht, ist kein vollständiger Kreis, sondern ein Halbkreis, der Bogen von fünf farbigen Lichtstämmen, die in Harmonie miteinander leuchten. Heute erscheint er, um die Nationen und Stämme der Irokesen daran zu erinnern, daß wir den Kreis des Regenbogens in und durch unser Leben, durch das harmonische Zusammenleben mit der Erde und ihren Geschöpfen, durch ein Leben der Harmonie mit den Gesetzen der Natur und durch das friedliche Zusammenleben mit unseren benachbarten Nationen vervollständigen müssen. Jeder Stamm ist wie eine der Farben, die zusammen den Regenbogen bilden, wie ihr ihn hier vor euch seht. Betrachtet ihn eine Weile. Könnt ihr erkennen, wo die Farben sich berühren und vermischen? Das symbolisiert den Handel zwischen Stämmen, die friedlich zusammenleben. Wenn die Menschen die Wege des Großen Geistes ehren, werden neue und schönere Farben entstehen. Und durch ihren Austausch ist genug für alle da. Der Regenbogen wurde uns als ein Zeichen gegeben, damit wir uns daran erinnern, harmonisch als Stämme auf der Erde zusammenzuleben. Der Regenbogen bildet einen Halbkreis, den wir in unseren Herzen vervollständigen müssen.

Für Gewalt darf in einem Herzen, das die Lehren des Großen Geistes ehrt, kein Platz mehr sein, außer zur Verteidigung des eigenen Lebens. Entfernt diesen Irrtum aus eurem Leben, so wie ich jetzt diesen Baum von seinen falschen Wurzeln trenne."

Mit diesen Worten sprang ich hoch und landete mit meinem vollen Gewicht auf der überhängenden Baumkrone. Es krachte gewaltig, als die verdrehte Eiche aus dem Felsen brach und mit mir zusammen, der sich an ihre Äste klammerte, kopfüber durch den leeren Raum stürzte. Der Sturz ging über hundert Fuß, und in Wahrheit hatte ich noch gar nicht überlegt, ob ich dabei sterben oder überleben sollte. Ich fand, daß die Gelegenheit, solch eine Lehre zu geben, ein Leben rechtfertigt. Ob ich lebte oder in diesem einen Körper starb, machte für mich keinen Unterschied, denn ich wußte, daß die Mohwaks nach dem, was sie gesehen hatten, friedlicher sein würden. Ich klammerte mich an die fallenden Äste und fühlte nur Dankbarkeit für den vollkommenen Augenblick, der mir der Himmel war.

Es geschah, daß der fallende Baum in den oberen Ästen vieler dicht stehender Bäume, die in der Schlucht wuchsen, hängenblieb. Obwohl ich mich beim Aufprall nicht halten konnte, wurde mein Sturz von einer Vielzahl von Ästen gebremst. Es schien mir, als ob diese Äste in Wahrheit die Hände des Großen Geistes seien, der mich in seiner Liebe auffing. Ich traf mit ein paar Kratzern am Boden auf. Eine oder zwei Schrammen! Und mit einem triumphierenden Herzen!

Als ich die zwölf Meilen den Canyon hoch zum Mohawklager zurücklegte, schickte mir die Vorsehung einen großen Bock über den Weg und ließ mich mit dem Tier über meinen Schultern in der Abenddämmerung das Dorf erreichen.

Die Mohawks schwiegen, als ich das Lager betrat. Ich warf den Bock neben das Feuer und machte damit deutlich, daß er mein Geschenk an die Leute des Dorfes sei. Ich schwieg und wartete einen Augenblick. Als derselbe ältere Häuptling, der noch am selben Nachmittag meine Todesart befohlen hatte, mich mit einer Geste zum Sitzen einlud, wußte ich, daß der schlimmste

Widerstand überwunden war. In dem nun folgenden Fest erwies sich meine Vermutung als richtig. Die Mohawks waren jetzt bereit, meine Botschaft zu hören.

Jedoch war keiner der Feuerstein-Leute so tief berührt wie der Onondaga Hiawatha. Seine Verwandlung war wie die Verwandlung von Dunkelheit in Licht.

Kapitel 8

Adadarhoh

Ich blieb den ganzen neuen Mond über bei den Mohawks. Sie hatten mich jetzt als einen der ihren akzeptiert. Wie ich gehofft hatte, waren die Leute des Feuersteins die ersten, die sich bereiterklärten, der Konföderation unter der Voraussetzung beizutreten, daß ich auch die anderen irokesischen Nationen zu einem Beitritt bewegen konnte. Sonderbarerweise interessierte sich Hiawatha mehr als alle anderen für meine Mission. Lange, nachdem sich die anderen Krieger zurückgezogen hatten, blieben wir beide bis spät in die Nacht am Feuer sitzen, um zu reden. Als die Wochen vergingen, teilten wir dieselbe Vision.

Die Zeit meiner Abreise kam näher, und Hiawatha fragte, ob er mich begleiten dürfe. Er entschuldigte sich für sein früheres Benehmen und erzählte mir, daß ihn eine tiefe, schwarze Verzweiflung übermannt habe, nachdem seine Frau und seine Kinder von einem Ungeheuer von Mensch mit Namen Adadarhoh verschlungen worden waren, welcher zum Schrecken der ganzen Region gleich einem wilden Tiere dort sein Unwesen trieb. Nach Hiawatha war Adadarhoh nicht die vielköpfige Schlange, an die viele glaubten, doch war er genauso abscheulich: ein böser Hexenmeister mit einem verkrüppelten Körper und einem verwirrten Geist, der Menschenfleisch verspeiste und Menschen jagte, als ob sie Tiere seien.

Obwohl die Berichte über Wesen und Erscheinung von Adadarhoh oft nicht übereinstimmten und Hiawatha ihn selbst nie gesehen hatte, wurden Geschichten über Adadarhoh — oder Tadodaho, wie ihn einige nannten — noch am weit entfernten

Michigansee erzählt. Nicht ein Krieger aus den Nationen, die die nordöstlichen Wälder bewohnten, würde es wagen, in das gefährliche Tal zu reisen, wo dieser verkrüppelte Dämon leben sollte.

Da meine Arbeit bei den Mohawks zu diesem Zeitpunkt beendet war und das Gebiet, in dem Adadarhoh sein Unwesen trieb, auf dem Weg zu den Oneidas lag, die ich als nächsten Stamm besuchen wollte, machten Hiawatha und ich uns zusammen auf den Weg und nahmen uns vor, ein Wörtchen mit dem Mörder zu reden. Die Mohawks hielten unsere Idee, Adadarhoh absichtlich aufzusuchen, für verrückt. Doch da sie uns beide achteten, wünschten sie uns das Beste. Sie hofften, daß es uns gelingen werde, Adadarhoh zu töten, wenn er uns nicht zuerst tötete; denn für alle Menschen im Umkreis war seine Schlechtigkeit eine Bedrohung.

Doch in jedem atmenden Geschöpf leuchtet ein Funke des Großen Geistes. Ich erwähnte den Dämon, dessen Haupt von Schlangen umgeben sein sollte, nicht direkt und erzählte Hiawatha auf dem Weg zu Adadarhohs Tal von jenen Momenten, wo man mit überzeugender, sicherer Verständigung mehr erreicht als mit roher Gewalt.

„Wenn du einfach zerstörst, was du nicht verstehst", sagte ich ihm, „wird es immer wieder zu dir kommen, und jede neue Form wird schlimmer sein als die vorausgegangene. Doch wenn du einmal verstehst, was deinen Feind bewegt, dann kannst du ihm helfen, bessere Wege zu finden, seine tieferen Ziele zu verwirklichen."

„Aber du wirst so einen wie ihn niemals dazu bewegen, dir zuzuhören!" rief Hiawatha, der genau wußte, worauf ich hinauswollte. „Er versteht nur den Tomahawk. Er ist kein Geschöpf, mit dem du vernünftig sprechen könntest. Er kennt nur die Gewalt. Das ist die einzige Sprache, die er versteht, die Sprache, die er mit jedem Mann, jeder Frau und jedem Kind spricht, die ihm über den Weg laufen. Ich würde ihn töten, Deganawida, nicht aus Rache — denn du hast mir geholfen, dieses selbstzerstörerische Feuer zu besänftigen —, sondern aus Liebe. Ich würde Adadarhoh töten, um die anderen vor dem Schicksal zu bewahren, das er so gedankenlos meiner Familie zugefügt hat."

So sprachen wir miteinander während unserer Reise zu dem Tal, in dem das Ungeheuer lebte. Und wir machten einen Plan. Ich schlug vor, Krankheit oder Not vorzutäuschen, um den Mörder Adadarhoh dazu zu bewegen, mir zu helfen, während Hiawatha uns aus einer gewissen Entfernung mit schießbereitem, gespanntem Bogen beobachteten sollte. Ich behauptete, daß dieser Mann mir helfen müßte, wenn auch nur ein Funke Gutes in ihm lebte, und damit hätte ich den Grundstein für eine Verständigung gelegt. Wenn das nicht geschah, wenn er sich gegen mich wendete, würde ich ihn Hiawatha überlassen.

Das, was geschah, war viel besser, als wir es hätten planen können.

Als ich nicht unweit der Asche von Adadarhohs letztem Lager hinter einem gestürzten Baum lag und um Hilfe rief, kam der gefürchtete Fluch der ganzen Region hinkend auf mich zu. Der abscheuliche Ausdruck des Mörders stand ihm ins Gesicht geschrieben. Zuerst näherte er sich vorsichtig, doch als er mich auf dem Boden liegen und um einen Schluck Wasser bitten sah, entspannte er sich. Er sah sich die Handarbeit meiner Hirschlederweste und Leggins sorgfältig an, die dank den Mohawks ganz neu und von bester Qualität waren. Dann hob er, ohne einen Augenblick zu zögern, seinen Tomahawk, um mich zu töten.

Doch Hiawatha übertraf meine Erwartungen. Denn anstatt den Unhold zu erschießen, sprang er Adadarhoh von hinten an und schlug die Waffe aus dessen ergrauter Hand. Im gleichen Augenblick rollte ich mich herum, brachte Adadarhoh aus dem Gleichgewicht, warf mich auf ihn und machte den sich Windenden, sich Krümmenden und Fluchenden am Boden fest. In kürzerer Zeit, als ich erzählen kann, band Hiawatha, der bei dieser Handlung ein wahres Wunder vollbrachte, schnell seine Hände und Füße zusammen. Bevor er wußte, was ihm geschah, befand sich Adadarhoh, entwaffnet und gegen einen Baumstamm gelehnt, in unserer Gewalt. Hiawatha richtete den Pfeil auf der gespannten Bogensehne gegen sein Herz.

Jetzt sahen wir zum erstenmal wirklich den Mann, den alle Stämme verabscheuten. Sein Körper war verdreht und verkrüppelt, von einer grauenhaften Krankheit verunstaltet. Doch groteskerweise waren seine Muskeln trotzdem gewaltig entwickelt. Er strahlte eine Stärke aus, die durch seine Verkrüppelung in keiner Weise gemindert, sondern sogar noch gesteigert wurde.

Obwohl Hiawatha vielleicht beides fühlte, zeigte er weder Mitleid noch Wut, als er sprach. „Adadarhoh", sagte er so langsam und klar, daß seine Worte von einer Kraft vibrierten, die der Kraft seines gespannten Bogens nicht unähnlich war. „Höre gut zu, Adadarhoh, denn du stehst an einem Punkt, wo dein Leben dir nicht länger gehört."

Und dann berichtete Hiawatha grimmig Punkt für Punkt, wie er seine ermordete Familie aufgefunden hatte. Während Hiawathas Darstellung blieb Adadarhohs Gesichtsausdruck hart und unbewegt. Er war sicher, daß der Pfeil am Ende dieses Vortrags seine Brust durchdringen würde. Doch als Hiawatha mit der Aufzählung der Ereignisse, die den Menschen zugestoßen waren, welche er am meisten geliebt hatte, fertig war, warf er seinen Bogen plötzlich ins Gebüsch, angewidert von der Gewalt und ihren verabscheuungswürdigen Formen. Den Pfeil mit beiden Händen haltend, baute er sich wild vor dem Krüppel auf, der dort am Baumstamm festgebunden war. Jeder Muskel seines Körpers war angespannt, als er den Pfeil nur wenige Zentimeter vor das verhaßte Gesicht hielt.

Und dann tat Hiawatha etwas Wunderbares. Er sah Adadarhoh in die Augen und sagte: „Ich will dir vergeben und dein Leben schonen, doch ich verlange von dir, daß du dafür etwas für mich tust. Höre meinem Freund Deganawida zu. Denke über das nach, was er dir sagen wird."

Damit zerbrach er den Pfeil in zwei Teile und legte die zerbrochenen Stücke auf den Boden vor den erstaunten Adadarhoh. Hiawatha wandte sich mir zu und bat mich zu sprechen. Doch mein Herz war zu voll. Ich schüttelte den Kopf und bedeutete ihm weiterzumachen.

Dann hörte ich zum erstenmal meine Lehren aus dem Munde eines anderen. Und wieder überraschte mich Hiawatha. Er sprach wunderschön, poetisch und gewandt über die Bruderschaft aller Geschöpfe, der vierbeinigen, zweibeinigen und der geflügelten. Er sprach über die Heiligkeit des menschlichen Lebens, die Freuden der menschlichen Freundschaft und die Vorteile, welche diejenigen erlangen, die in Frieden, Harmonie und Gemeinschaft zusammenleben.

Mit weit größerer Wortgewandtheit, als mir je möglich gewesen war, und mit einer Leidenschaft, die derselben Quelle entsprang wie meine eigene, sprach Hiawatha zu dieser verkrüppelten Ruine, die einst ein Mensch gewesen war. Und als er von den Vorteilen eines friedfertigen Herzens sprach, konnte ich fühlen, wie der Frieden in großen, besänftigenden Wellen seinem eigenen Herzen entströmte. Ich glaube, Hiawatha hätte selbst die Steine zum Singen gebracht, als er von der Freude erzählte, die die friedlichen Herzen der Menschen erfüllt, wenn sie den Großen Geist lieben und in Übereinstimmung mit den Gesetzen der Natur leben.

Zuerst schaute Adadarhoh ungläubig und suchte nach der Falle; doch Hiawatha las seine Gedanken und beantwortete seine Zweifel und Fragen, noch bevor er sie ausgesprochen hatte. Ich beobachtete, daß Hiawatha ein Meister in der Deutung der geringsten Regungen in Adadarhohs Gesicht und den gelegentlichen Bewegungen seiner Augen war.

Als Hiawatha die Geschichte von meinem Sturz in den Abgrund erzählte, veränderte sich Adadarhohs Ausdruck. In seiner Miene zeichnete sich sein beginnendes Verständnis ab. Zum erstenmal begann Adadarhoh zu reden. Er sprach gebrochen und zögernd. Sein Gesicht spiegelte seine Verwirrung. Er fragte Hiawatha nach dem Standort des Baumes; denn der Baum war für Jäger, die in dieser Region gejagt hatten, so etwas wie ein

Wahrzeichen gewesen, und offensichtlich hatte sich Adadarhoh mindestens einmal von seinen Ästen aus angepirscht. Als er zu begreifen begann, daß ich mit diesem Baum, den ich selbst abgehauen hatte, in den Abgrund gefallen war, um den Mohawks etwas Wichtiges mitzuteilen, daß ich diesen Sturz überlebt hatte und daß mich die gesamte Nation der Mohawks jetzt für einen Heiligen hielt, schaute Adadarhoh mit neuer Hochachtung in meine Richtung.

In seiner gebrochenen Sprache erfragte er Einzelheiten über meinen Sturz in den Abgrund und mein Überleben. Er war erstaunt, daß man solch einen Fall überleben konnte. Es war nicht immer leicht, seine Sprache zu verstehen. Er gebrauchte ein Wort, daß keiner von uns beiden verstand, doch das wir nach und nach als seinen Begriff für Gerechtigkeit erkannten. Selbst in seinem verwirrten, verdrehten Wertsystem hatte Adadarhoh offensichtlich ein schwaches Verständnis von richtig und falsch. Zuletzt verstanden wir, daß er das Überleben solch eines Sturzes in meinem Falle für gerecht hielt, da meine Absichten gerade und edel seien. Dann deutete er auf sich, und diesmal verstanden wir ihn. Er sagte mit einfachen Worten, daß ein Mensch mit solch einem schlechten Herzen wie dem seinen aus Gründen der Gerechtigkeit nicht mehr weiterleben dürfe. Er bereute die Schlechtigkeit seines Lebens und bat Hiawatha, ihn jetzt sogleich zu töten.

Als Hiawatha diese Bitte hörte, sah ich, wie er blitzartig sein langes Messer zückte und, ohne zu zögern, auf Adadarhoh zusprang — nicht um ihn zu töten, sondern um flink seine Fesseln zu durchtrennen.

Während der fassungslosen Stille, die dem folgte, saßen wir einander gegenüber, jeder ein freier Mann. Voller Ehrfurcht sahen wir zu, wie sich in Adadarhohs verblüfftem, erstaunten Gesicht die verschiedensten Regungen spiegelten.

Einige Minuten vergingen.

Gute Stimmung lag in der Luft. Ein Gefühl von Brüderlichkeit. Ein Gefühl, daß wir alle drei hin und wieder eine gewisse

Dunkelheit in der Seele gespürt hatten. Hiawatha nahm Adadarhohs Tomahawk vom Boden auf, wohin er während des Kampfes, der uns jetzt weit entfernt schien, gefallen war, und erzählte davon, wie sich erst vor kurzem sein eigener Haß und seine eigene Wut in sein jetziges Bestreben verwandelt hätten, mir bei meiner Mission zu helfen. Als Hiawatha seine Geschichte berichtete, erzählte er sie so, als ob eine solche Verwandlung ganz natürlich und es wirklich gar nicht erstaunlich sei, daß ein Mensch, der vor so kurzer Zeit die gewaltsamen Leidenschaften eines Kriegers gefühlt hatte, sich nun mit der gleichen Leidenschaft diesem großen und edlen Friedensziel widmete.

Dies war das erste von vielen Malen, daß ich Hiawatha so sprechen hörte. Es hatte seine Auswirkungen auf Adadarhoh. In den folgenden Monaten und Jahren konnte ich beobachten, daß es auch Auswirkungen auf andere hatte. Nicht nur Hiawathas Person und sein Ausdruck waren natürlich, sondern auch die Art und Weise, wie er seine Geschichte erzählte.

Langsam und zustimmend nickte Adadarhoh mit dem Kopf, als Hiawatha ihm den Tomahawk zurückgab und dabei sagte: „Wir geben dir die Freiheit, Bruder. Versprich uns nur, daß du diese Waffe nie mehr gegen uns oder gegen irgendein Stammesglied der Irokesen heben wirst. Bald schon wirst du Grund haben, sie deine Freunde zu nennen, so wie ich dich jetzt meinen Freund nenne."

Adadarhoh streckte die Hand nach der Waffe aus. „Freund", sagte er bedeutsam und schaute zuerst Hiawatha und dann den Tomahawk an, denn in diesem Augenblick hielten sie ihn beide. „Freund", wiederholte er. „Ich könnte diese Waffe niemals gegen einen ... Freund erheben."

Als Adadarhoh das Wort *Freund* aussprach, sagte er es langsam, als ob es ihm Schmerzen bereitete. Als ob es an eine alte Wunde rührte. Hiawatha zog seine Hand zurück.

In seiner gebrochenen Sprache erzählte Adadarhoh die Geschichte seiner verkrüppelten Kindheit, vom Spott der anderen Kinder, von seinem anschließenden Fall in das Böse und davon, wie sein Volk ihn verbannt hatte. Adadarhoh erzählte diese Dinge so, als ob er sich zum erstenmal seit langen Jahren daran erinnerte. Er beendete seine Geschichte, indem er den Tomahawk sanft emporhob, den Hiawatha ihm zurückgegeben hatte. Er blickte Hiawatha und mir in die Augen und sagte uns noch einmal wirklich aufrichtig, daß er diese Waffe niemals gegen Freunde erheben könne. Jetzt kannten wir die Wahrheit: Hiawatha und ich waren die ersten menschlichen Freunde, die dieser Mann je gehabt hatte.

Wir blieben zusammen mit Adadarhoh in seinem Tal, bis sich der Frühling langsam zum Sommer erwärmte. Ich kann mich seitdem an keinen Verlauf einer Jahreszeit erinnern, den ich mehr genossen hätte. Während der Tage jagten oder fischten wir, zuweilen zusammen, zuweilen allein. An den Abenden am Feuer lehrte ich Hiawatha die Lieder, die die Geschichte unseres Volkes waren. Als Hiawatha und ich diese Lieder zusammen sangen, Lieder der Vogelstämme, Lieder, die in den Winden des ewigen Geistes geboren waren, Lieder, die unsere Vorfahren Zehntausende von Jahren zuvor gesungen hatten, bevor die Wertvorstellungen der Krieger in die Herzen unseres Volkes eingezogen waren, veränderte sich Adadarhoh sichtlich. Er begann, aufrechter zu sitzen und klarer zu denken. Er fühlte wie wir die heilende Anwesenheit der Geflügelten. Wenn Hiawatha und ich oft bis tief in die Nacht sangen, konnten wir manchmal im Mondlicht wirbelnde, leuchtende Strömungen sehen, die von geflügelten Gestalten ausgingen und Adadarhoh umflossen, während er schlief. Manchmal hörten wir die sanften Klänge eines zarten und feinen Gesangs, der den leuchtenden Wirbeln mit Melodien, die den unseren sehr ähnlich waren, die Richtung wies. Wir wußten, daß der Große Geist Adadarhohs Körper heilte. Worte und Beispiele hatten seinen Geist längst geheilt.

Tatsächlich hatte er, wie sich herausstellte, eine besondere Beziehung zu Schlangen; denn als Hiawatha und ich eines Abends von der Jagd zurückkehrten, fanden wir seinen Körper buchstäblich bedeckt von sich windenden schwarzen Schlangen, und nicht weniger als vier dieser freundlichen Geschöpfe wanden sich in seinem schulterlangen zerzausten Haar. Der Anblick war ehrfurchtgebietend. Bei unserem Näherkommen streckten sie erstaunt ihre Körper, züngelten und starrten uns aus winzigen, durchdringenden Augen an. Offensichtlich hatten die Schlangen der einsamen Seele während der Jahre ihres Exils die einzige Freundschaft erwiesen.

Als es Zeit für uns wurde, Adadarhoh zu verlassen und unsere Reise zum Sommerlager der Leute der Stehenden Steine fortzusetzen, die jetzt von unserem Kommen gehört hatten und uns erwarteten, war Adadarhoh ein neuer Mensch. Geheilt und gestärkt sah er jünger und kräftiger aus; er begleitete uns bis an den Rand des Tales.

Bevor wir ihn verließen, nahm er unsere Hände zusammen in seine eigenen, schüttelte sie und sagte: „Ich will zurück zu meinem eigenen Volk gehen, den Onondaga, die mich einst ausstießen. Ich will ihnen erzählen, was hier geschehen ist und was ihr mir gezeigt habt. Ich werde ihnen von dem großen Licht berichten, von der Weisheit, die ihr lehrt. Ich werde ihnen sagen, daß in nicht zu ferner Zukunft zwei heilige Wesen zu ihnen kommen werden, die von Frieden sprechen und ihnen die Lieder und die Worte der geflügelten Stämme der Macht bringen, die alle verehren. Ich versichere euch, wenn ihr kommt, werden sie euch willkommen heißen und euch zuhören. Ihr beide seid meine Freunde. Ihr seid meine ersten Freunde. Ich danke euch."

Wir verließen Adadarhoh, wanderten unbeschwert durch einen Wald, der jetzt im vollen Saft des Sommers stand, und sprachen beim Gehen über all die Dinge, die uns begegnet waren: von Adadarhoh und besonders von seinem Volk, den Onondaga, dem grimmigen und dickköpfigen Volk der Hügel. Es vergingen fast drei Jahre, bis wir Adadarhoh wiedersahen. Als wir uns zuletzt bei seinem Volk einfanden, hatten wir außer den Mohawks noch das Einverständnis von zwei anderen Stämmen — den Oneidas und den Kayugas.

Es könnten viele Geschichten über unsere Reisen erzählt

werden, über unsere Arbeit bei den Leuten der Stehenden Steine und den Leuten der Sümpfe, doch die Bekehrung von Adadarhohs Leuten, den Onondagas, war unsere schwierigste und wichtigste Begegnung innerhalb der fünf Stämme. Trotz unseres immer größer werdenden Rufes und des Empfanges, den sie uns wegen Adadarhohs Zeugnis bereiteten, erwiesen sich die glühend unabhängigen Onondaga als der dickköpfigste aller Stämme, der sich unseren Lehren am meisten widersetzte. Sie hörten stets höflich zu, doch als wildes Bergvolk waren sie nicht so schnell bereit, die Überlieferungen der letzten Generationen durch bloße Worte verändern zu lassen. Allmählich gelang es uns, die Onondaga zu überzeugen: Hiawathas Bericht über meinen Sturz in den Abgrund und Adadarhohs inspiriertes und oft wiederholtes Zeugnis von „einer älteren Tradition, die hundert Generationen zurückliegt", lehrte die Krieger eine neue Sicht von den Bräuchen der letzten Zeit. Schließlich dachten sie in unserer Weise und willigten ein, der Liga der Nationen beizutreten.

Während unserer Arbeit, die Onondaga für die Konföderation zu gewinnen, erwies sich Adadarhoh als wesentlicher Helfer. Ohne ihn wäre es zweifelhaft gewesen, ob das dickköpfige Volk der Hügel jemals die vierte Nation gewesen wäre, die sich für den großen Frieden eingesetzt hätte.

Offensichtlich erhöhte die zentrale Stellung, die Adadarhoh während unserer Verhandlungen einnahm, und die große Achtung, die wir ihm zollten, seinen Wert auch bei seinem eigenen Volk. Es überraschte uns nicht, als wir einige Monate später hörten, daß er zum Häuptling der Onondaga gewählt worden war. Schließlich wurde er in eine wichtige Position im höchsten Rat der Liga der irokesischen Nationen berufen. Dieses Amt erfüllte er ehrenhaft und würdevoll bis in seine letzten Tage. Obwohl er nie wegen seiner Wortgewandtheit berühmt wurde, waren die Aufrichtigkeit und die Echtheit seines Herzens unübertroffen. Er besaß ein scharfes Unterscheidungsvermögen, was die Beweggründe der Menschen anging. Mehr als einmal rettete sein Rat die Konföderation vor Gefahren, die kein anderer gesehen hatte.

Kapitel 9

Der Baum des Friedens

Die Vision, die ich zum erstenmal an einem sternenklaren Abend vor ungefähr fünf Wintern gehabt hatte, näherte sich jetzt rasch ihrer Verwirklichung. Während des letzten Jahres hatten die Seneca als fünfte Nation dem Frieden zugestimmt. Nun war eine Zusammenkunft der Hauptvertreter der Irokesenstämme einberufen worden, um die Liga feierlich zu begründen.

Seit Monaten hatten Läufer und Krieger das Land durchquert, um nicht nur Führer und Häuptlinge einzuladen, sondern alle, die bei dem Treffen an den Hauptwassern der Onondaga, einem heiligen See, der heute im oberen Teil des Staates New York liegt, dabei sein wollten. Man hatte ihnen gesagt, daß sie sich um den mächtigsten Baum versammeln sollten, den sie vier Tage vor dem Vollmond „Wenn Die Gänse Nach Süden Fliegen" finden konnten. Nahezu jedes Mitglied der fünf Nationen, das reisefähig war, machte sich in diesem Herbst auf den Weg, um zu dem angegebenen Treffpunkt zu wandern. Seit Wochen waren sie gekommen, hatten sich versammelt und in voller Erwartung dieses historischen, lang ersehnten Ereignisses ihre Lager errichtet.

Als Hiawatha und ich eintrafen, war die Frage des mächtigsten Baumes längst geklärt. Dort stand er deutlich sichtbar in der Mitte eines großen natürlichen Beckens am Uferrund des Sees. So weit das Auge blicken konnte, war die Umgebung von den Lagerplätzen der fünf Nationen übersät. Das Becken selbst war leer geblieben, da der Boden um die majestätische Kiefer als Sitz für den ersten höchsten Rat des neuen Irokesenbundes bestimmt worden war.

Hiawatha und ich kamen an einem windigen, sonnigen Morgen an. Die anderen versammelten sich in Stille, um uns zu begrüßen. Schweigend gingen die Häuptlinge und die obersten Krieger der Seneca, Kayuga, Onondaga, Oneida und Mohawks mit uns, um einen Kreis um den gewaltigen Baum zu bilden.

Tausende von Männern, Frauen und Kindern umgaben unseren Kreis. Sie waren nicht gekommen, um die Worte zu hören, die dort gesprochen wurden, denn Worte drangen kaum über die Grenzen des inneren Ratskreises hinaus, sondern um den Geist des Ereignisses zu spüren. Und obwohl viele tausend Menschen um uns versammelt waren, verhielten sie sich so respektvoll und so ruhig, daß unsere Eröffnungsgebete nur vom Klopfen der Spechte und von den schwätzenden Eichhörnchen unterbrochen wurden.

Drei Tage lang hielten wir den *Wigwam des Schweigens* ein. Vom Morgengrauen bis zur Abenddämmerung sprachen wir kein Wort. Am vierten Tag begann der *Wigwam der Reden.*

Hiawatha stellte sich auf einen moosbedeckten Felsen, der etwa dreißig Fuß hoch neben der turmhohen Kiefer aufragte, und sprach mit derselben Wortgewandtheit, die unserem Ziel schon in den vergangenen Jahren so gut gedient hatte. Er sprach von den Vogelstämmen, den geflügelten Wesen des Lichtes, die auf die Erde kommen, um diese sterblichen Körper aus Fleisch aufzurufen. Er sprach von dem Gesetz, welches die gesamte natürliche Welt regiert: daß man während eines Lebens genau das erhält, was man gegeben hat, und daß man genau die Erfahrungen macht, die man für andere schafft.

Hiawatha sprach von dem Großen Frieden, den ganz Amerika Hunderte von Generationen lang erfahren hatte, weil dieses einfache Gesetz geehrt, geachtet und verstanden worden war. Nicht alle Anwesenden konnten seine Stimme hören, doch die Führer im inneren Kreis folgten jedem Wort, das aus seinem Munde kam; denn zu jener Zeit hielt man Hiawatha für den besten Redner, der je durch die beiden Amerika gewandert war. Viele Häuptlinge lauschten nicht nur seinen Worten; sie studierten auch sein Verhalten, damit sie in den Jahren, die diesem bedeutungsvollen Ereignis folgen sollten, imstande waren, ihrem eigenen Volk etwas von dessen Geist zu vermitteln, wenn sie selbst über diese Wahrheiten reden würden.

Hiawatha sprach von einer großen Lüge, die tief in den Herzen und im Bewußtsein aller Menschen der Welt verwurzelt ist. Er nannte sie eine große Lüge, die das Glück gestohlen und die Harmonie der hier versammelten Völker gestört habe. Und er erkannte, daß sich hier die Gelegenheit bot, seine Lehren in ein Symbol zu kleiden, daß alle Anwesenden verstehen konnten, und nannte die große Lüge so, wie ich sie einst genannt hatte: den „Baum des Krieges." In der Menge, die uns umgab, wurden diese Worte schnell von einem zum anderen weitergeflüstert.

„Der Baum des Krieges", wiederholte Hiawatha, „wurzelt genauso tief in den Gewohnheiten unserer letzten Generationen, wie diese Kiefer hier im Erdreich wurzelt. Es mag scheinen, als ob ein so großer Baum zu fest stünde, zu tief verwurzelt wäre, um jemals entfernt werden zu können; und dennoch", sagte er, „kann dieser Riese des Waldes durch etwas so Einfaches gestürzt werden wie dieses hier."

Und damit hielt Hiawatha eine Hand empor. Obwohl die Menge nicht jedes Wort verstanden hatte, wurde die wesentliche Bedeutung seiner Rede bald allen klar. Er wartete, bis alle verstanden hatten, und fuhr dann fort.

„So etwas Einfaches wie eine menschliche Hand, die der Große Geist mit fünf Fingern erschaffen hat, von denen jeder einzelne individuell und unabhängig ist, etwas so Simples kann diesen großen Baum umstürzen, wenn die fünf Finger zusammen als Einheit arbeiten. Wenn unsere fünf einzelnen Nationen zusammenarbeiten, haben wir große Macht. Unsere fünf Nationen sollen die fünffingrige Hand des Großen Geistes werden. Laßt uns den Baum des Krieges, die Kriegsbräuche und die

Gewalttätigkeit nicht nur aus unseren Völkern ausmerzen, sondern auch aus den Völkern, die wir in den folgenden Generationen beeinflussen werden. Menschliche Hände, die den Zielen des Großen Geistes dienen und die wieder für den Frieden arbeiten, können selbst diesen größten aller Bäume des Waldes entwurzeln."

Dann hielten wir inne. Ich sprach ruhig zum Geist des Baumes und bat um sein Verständnis. Würde er bereit sein, fragte ich ihn, diese besondere Baumform aufzugeben, um statt dessen eine andere zu beseelen? Würde er sich einem Tod öffnen, der genauso herrlich und bedeutungsvoll sein würde wie sein Leben?

„Du hast ein langes, gutes, gesundes Leben gelebt", sagte ich. „Du hast dem Wald gut gedient. Doch die zweibeinigen Bewohner dieses Landes brauchen eine Lehre, die nur du ihnen geben kannst. Sie brauchen diese Lehre, damit auch sie dem Wald und seinen Geschöpfen so dienen können, wie du gedient hast. Um des heiligen Zieles des Friedens unter den Menschen willen, gibst du dein Einverständnis, o Großvater Kiefer, dich einem Tod zu öffnen, der alle menschlichen Rassen für Generationen inspirieren wird und durch den du in Liedern und Legenden so lange besungen wirst, wie es Menschen auf dieser Erde gibt?"

Alle Anwesenden warteten auf die Antwort des Baumes.

Langsam, nach und nach, fand die Sprache des Baumes ihren Weg zu unseren Herzen. „Ja", antwortete der Geist des Baumes, „ich weiß seit langem, daß dieser Sommer mein letzter ist, daß die Zeit gekommen ist, diese Form zugunsten einer anderen aufzugeben. Solch ein Tod ist mir eine Ehre. Ich habe auf dich gewartet, Deganawida. Fahre fort."

Dann forderte Hiawatha alle Anwesenden auf, sich niederzuknien, um mit bloßen Händen den Waldboden unter den Nadeln und dem Moose aufzugraben. Und alle kamen zusammen und begannen, einen Graben um das Wurzelwerk der Kiefer zu graben, die Hiawatha mit dem tief verwurzelten Baum des Krieges verglichen hatte. Er verbot den Gebrauch von Werkzeugen oder Geräten, doch die Begeisterung der Häuptlinge war groß; und als sie gruben, vereinten sich ihre Hände mit den Händen derjenigen, die nahe genug herankommen konnten, um sich nützlich zu machen. Bald schon bildete sich ein tiefer Graben um den Fuß des Baumes.

Kurz vor seinem Fall begannen die alten Äste leicht zu schwanken, und ein Schauer durchlief den Stamm bis zur Krone, der anzeigte, daß der Geist den Baum verließ. Schwach konnte man im harten Holze die ersten Knarrtöne vernehmen, die ersten Anzeichen der Instabilität. Hiawatha hob eine Hand und bat, das Graben einzustellen. Er forderte mich auf, aus dem Kreis herauszutreten. Ich ging durch den Graben und kletterte auf der anderen Seite wieder hoch, bis ich neben dem mächtigen Stamm stand.

„Wenn unsere fünf Nationen", sagte ich, indem ich meine Hand mit gespreizten Fingern so hoch hielt, daß alle sie sehen konnten, „wenn unsere Nationen so zusammenarbeiten wie die fünf Finger einer Hand, werden wir große Macht haben, denn hinter uns steht die Macht des Großen Geistes. Wenn wir uns mit den Zielen des Himmels vereinen und in gemeinsamer Übereinstimmung handeln, dann werden alle Naturkräfte mit uns arbeiten, uns untertützen und uns helfen.

Obwohl die Wahrheit so einfach sein mag wie eine bloße Hand — und auch so sanft wie eine Hand —, kann diese Hand doch, wenn sie mit der Macht des Himmels und der Macht der Erde verbunden ist, gegen die größte Lüge aufstehen, gegen die festgefügtesten Traditionen oder Gewohnheiten, gegen die dickköpfigsten und festverwurzeltsten Illusionen; und diese einzelne Hand kann sie alle so leicht zu Fall bringen, wie meine eine Hand jetzt diesen Baum zu Fall bringt."

Viele behaupteten, daß sie während der Zeit, die ich sprach, hoch über dem Baum die großen geflügelten Lichtwesen gesehen hätten, die die Macht des Schöpfers auf die Erde bringen. Als ich meine Hand an den Baum legte, behaupteten viele, das Rascheln ihrer Flügel gehört zu haben. Doch selbst jene, die diese Dinge weder hörten noch sahen, fühlten, daß ein Windstoß meine menschliche Kraft verstärkte, als der große Baum seine Wurzeln in einem donnernden, prasselnden Ausbruch aus dem Boden riß und krachend auf den Waldboden stürzte.

Die Macht und die Feierlichkeit des Ereignisses waren so eindrucksvoll, daß kein Krieger seinen Kopf wandte und kein einziges Herz angstvoll aussetzte.

Eine solche Atmosphäre des Vertrauens erfüllte die versammelten Massen, daß keiner beim Sturz des Baumes verletzt wurde. Einige sagten, sie hätten gesehen, wie die Hände der Engel den Baum auffingen und ihn sanft auf den Boden legten. Es gab jedoch auch solche, die noch Jahre später erzählten, ich hätte den Baum aus eigenem Vermögen umgestürzt. Denn so entstehen Geschichten. So entstehen Legenden.

Hiawatha und ich verloren keine Zeit, die Symbolkraft des Geschehens vollkommen auszuschöpfen. Die umgestürzte Kiefer hatte eine Grube hinterlassen, die so groß war, daß man sehen konnte, wie schlammiges Grundwasser träge in ihre Tiefen sickerte. Wir forderten die Anwesenden auf, alle Waffen, mit denen menschliches Blut vergossen oder die im Kriege benutzt worden waren,in die klaffende Grube zu werfen. Während des verbleibenden Tages, die Sonne ging langsam im Westen unter, folgten die Krieger ihren Häuptlingen, und bald war die Grube gefüllt mit einer ganzen Sammlung von Waffen, die nie wieder gegen Menschen erhoben würden.

Als die Sonne am nächsten Morgen aufging, arbeiteten alle Hände zusammen, um den fruchtbaren Waldboden über der Grube aufzuschichten, die jetzt die ausrangierten Waffen enthielt. Schon bald erhob sich ein großer Hügel. Als die Kriegsgeräte beinahe sechs Fuß tief unter der Erde begraben waren, kletterte Hiawatha auf die Spitze des Hügels und sprach:

„Hier, unter unseren Füßen, ist der Ort, wo alle Kriegsgeräte hingehören: in die Ströme, die in die Unterwelt fließen, unter die Ebene menschlichen Wissens, unter den Horizont unseres Interesses, unserer Angelegenheiten. Laßt uns diese Waffen des

Konfliktes begraben und den Haß und das Mißtrauen aufgeben, die sie geschaffen haben. Sie dienen unserem Volke nicht. Sie schaffen nur Leid. Sie dienen den Bedürfnissen derer, die sie gebrauchen, nicht halb so gut wie Handel, Austausch, Brüderlichkeit und Zusammenarbeit. Wir wollen diese Waffen aus unseren Augen verbannen und uns niemals wieder mit ihnen auseinandersetzen. An ihre Stelle wollen wir einen neuen Baum pflanzen, einen Baum des Friedens und des Verständnisses."

Ich stieg mit einer gutgewachsenen jungen Weißkiefer, die ich sorgfältig ausgesucht und vorbereitet hatte, auf den Hügel zu Hiawatha. Ich hielt den Baum, und Hiawatha kniete nieder, um im frisch aufgeworfenen Boden ein Pflanzloch für ihn auszuheben. Als das Loch vorbereitet war, kniete ich mich neben ihn. Zusammen pflanzten wir den neuen Baum, den Baum des Großen Friedens, den Baum, der in den kommenden Jahrhunderten der berühmteste Baum östlich des Mississippi werden sollte, der Baum mit den Großen Langen Blättern.

Als die Führer der fünf Nationen im Kreise um den frisch gepflanzten Baum saßen, sprach Hiawatha in neuer Weise mit ihnen, mit neuem Klang, in einem Geist, der jetzt von all unseren Herzen getragen wurde, mit einer Stimme, die nur durch die tiefe Harmonie und Übereinstimmung der vielen tausend Menschen möglich wurde, die sich hier mit uns zusammengefunden hatten.

„Wir stehen am Anfang einer neuen Zeit", sagte er, „einer Zeit, in der sich die Menschen rasch vermehren, die immer mehr der Gewalt huldigen und immer rastloser werden. Sie leben auf Inseln, die weit entfernt von den Ufern dieses Sees liegen, weit entfernt von diesem Wald, weit entfernt von jedem Land, das wir kennen.

Wir leben am Anfang der Endzeit. Das ist gut so, denn es ist der Beginn der Heilung, die den verlogenen Baum des Krieges für immer aus den Herzen der Menschen verbannt. Doch genauso wie die dunkelsten Stunden der Nacht knapp vor der

Morgendämmerung eines neuen Tages liegen, werden die Dinge schlechter, bevor sie sich bessern können.

Wir leben am Anfang einer Zeit, in der die Lügen, die die Herzen der Menschen vom Pfad des Friedens abbringen wollen, noch leidenschaftlicher in den Gedanken der Menschen flüstern werden als jemals zuvor. Deshalb ist es an der Schwelle zu diesem Zeitalter, in welchem die Macht der kriegerischen Leidenschaft in den Herzen der Menschen wachsen wird, die weit entfernt von unserer Küste leben, angemessen und richtig, den Frieden zu ehren, der hier vor langer Zeit beispielhaft begründet wurde. Wir leben in dem Land, in das eines Tages Menschen aus allen Teilen der Welt kommen werden, um geheilt zu werden. Es ist angemessen, daß wir heute den Baum der friedlichen Lebensweise pflanzen.

Dieser Baum, den wir hier gepflanzt haben, wird wachsen und blühen. In unserem eigenen Verständnis, im Verständnis unserer Kinder und dem unserer Kindeskinder. Für zwölf weitere Generationen wird dieser Baum stark bleiben; und während dieser Generationen wird es den Menschen, die mit seinen Lehren leben, noch besser gehen. Die Wahrheiten dieses Baumes werden aufblühen, nicht nur in den Herzen der Irokesen, sondern in den Herzen von Stämmen und Nationen, die weit entfernt von unseren Küsten leben.

Doch dann wird ein Sturm der Gewalt losbrechen. Eine bleiche Rasse wird aus dem Osten kommen. Sie wird zahlreicher sein als alles Wild der Jagdgründe von hier bis zu den Jagdgründen der Dakota. Und in diesem Sturm, der fünf lange Jahrhunderte dauern wird, wird der Baum der Großen Langen Blätter völlig zerstört werden. Man wird keinen Zweig und keine Nadel mehr auffinden können. Die Menschen werden sogar seinen einstigen Standort vergessen haben. Eine Zeit des Leidens wird unser Land überziehen, das alles übertrifft, was wir je erlebt haben. Nur wenige von uns werden übrigbleiben. Unsere Lieder werden vergessen sein.

Doch in dem Augenblick, wenn die Großmütter und Großväter die Hoffnung zu verlieren beginnen, kurz bevor die letzten Erzähler ihre Geschichten vergessen haben, wird es offenbar: derselbe große Sturm, der den Baum der Großen Langen Blätter entwurzelte, trug gleichzeitig dessen Zapfen in alle vier Himmelsrichtungen und ließ ferne Winde seine Samen verstreuen. In den hügeligen Ländern werden sie ganz still tiefe Wurzeln treiben. Doch niemand wird ihr Wachstum zunächst bemerken.

Die weiße Rasse aus dem Norden wird kraftvolle schwarze Menschen aus dem Süden mitbringen. Und mit der Zeit werden gelbe Menschen dazustoßen, die aus der Richtung des Sonnenuntergangs stammen. Diese drei Rassen werden aus den drei Himmelsrichtungen kommen, um uns hier in unseren Jagdgründen zu treffen. Unsere Kinder werden sich mit ihren Kindern vermischen, und wenn der Sturm vorüber ist, werden Frieden und Kooperation unter den Völkern der ganzen Welt blühen und in jedes Land dringen, und alle Kinder des Großen Geistes werden in Harmonie zusammenleben."

„Einst", sprach Hiawatha, „werden diese Gedanken, die heute in unserem Verständnis blühen, bis zu den Sternen reichen, bis hinter die entfernteste Wolke, und von dort wird das Echo der Lehren vom blühenden Baum zurückgeworfen. Und alle Völker der Welt werden die Friedensgedanken hören und erstaunen. Dann werden sie die Gedanken Gottes kennen. Dann werden die Lieder der Geflügelten wieder in den Dörfern der Erde gesungen, und die Menschen der vier Rassen werden danach wie die vielen Blätter des Baumes als Einheit zusammenleben. Und es wird keinen Krieg, keine Krankheit und keine Unwahrheit mehr geben.

Ich gebe euch diese Prophezeiung, damit ihr sie euren Kindern erzählt und den Kindern eurer Kinder, damit sie in den folgenden Geschlechtern an den Herdfeuern der Tipis wiederholt werden. Wenn der große Sturm kommt und es so scheint, als ob die Wahrheit für eine gewisse Zeit ausgelöscht ist, dann haltet fest, meine Krieger. Bleibt wahrhaftig, meine Häuptlinge. Seid standhaft, all ihr Heiler, ihr Kinder des Großen

Geistes. Denn wenn der Sturm nach fünf Jahrhunderten vorbei ist, wird aus unserem Anfang heute dereinst eine neue Welt entstehen, in der die Friedfertigen regieren. Und dieser Welt wird der barbarische Brauch des Kriegführens so fremd sein, daß ihn selbst die Geschichtenerzähler vergessen haben werden.

Heute schließen wir mit den Völkern unserer fünf Nationen einen Bund. Wir treffen eine Übereinkunft, die Wege der Liebe, der Gerechtigkeit und des Friedens zu ehren. In Wahrheit ist unser Volk nicht allein. Jeder von uns hier aus dieser Menschenmenge ist ein einzelnes Blatt am Baume des Großen Geistes. Wenn wir nach innen gehen, um mit dem Lebensstrom in Berührung zu kommen, der im Herzen unseres innersten Seins fließt, berührt jeder von uns dasselbe Leben, das in unseren Schwestern und Brüdern fließt, so wie dieselbe Lebenskraft durch alle Blätter des Baumes strömt.

Euer Leben ist das Leben Gottes. Der Große Geist ist nicht nur außen, sondern ebenso in euch. Hört auf den Großen Geist. In euren innersten Gedanken werdet ihr bessere Lehren hören, als Deganawida oder ich euch je mit den Worten unseres Mundes vermitteln können."

Hiawatha hielt inne und beugte seinen Kopf, während alle Anwesenden diese Wahrheit überdachten. Nach einem Augenblick sah er auf und fuhr fort, und er sprach jetzt so laut, daß seine Stimme bis zum fernen Rand des Beckens reichte.

„Genauso wie ihr nie erleben werdet, daß die Blätter eines gesunden Waldbaumes miteinander oder gegen andere kämpfen, genauso gibt es überhaupt keinen Grund dafür, warum Menschen gegeneinander kämpfen oder in anderer Weise als in Freundschaft miteinander wettstreiten sollten. Wo der Große Geist im Innern bekannt ist, in Gemeinschaften, in denen Wahrheit und Aufrichtigkeit geehrt werden, leben die Menschen harmonisch zusammen. Sie erleben ihr eigenes Leben und das Leben des Schöpfers als Einheit. Sie wissen, daß unser Volk wie die Blätter und unsere Stämme wie die Äste eines wundersamen Baumes sind. Sie wissen, daß das Leben der Zweibeiner, der

Vierbeiner und der Geflügelten, das Leben der Pflanzen, der Flüsse und der Seen und selbst das Leben der Sonne, des Mondes und der Sterne aus diesem Baum wachsen. Alle entspringen einem einzigen Stamm des Seins — dem ewigen Sein, das wir Gott nennen. Und so lebt der Große Geist in allen Dingen, in jeder Pflanze, in jedem Tier, jedem Baum und jedem, der hier mit uns anwesend ist."

Während Hiawatha diese Worte sprach, ging er auf dem Hügel umher, machte beschreibende Gesten, zeichnete Bilder in die Luft, deutete zuweilen auf den frischgepflanzten Baum und rief die ganze Leidenschaft seines früheren Kriegergeistes wach. Er war der Kanal für eine gewaltige Energie, durch die er allen Versammelten nicht nur eine Idee oder eine Vorstellung übermittelte, sondern, so gut es ihm möglich war, die konkrete Erfahrung des besonderen Bewußtseins, das ihm von solchen Momenten her vertraut war. Es war spürbar, wie die Häuptlinge einer nach dem anderen dieses Bewußtsein fühlten, verstanden und erfuhren.

Von Zeit zu Zeit stand einer der Häuptlinge auf und sprach in einem Geiste, der fast so schön wie Hiawathas Geist war, einen oder zwei Sätze über die große Wahrheit, so wie sie ihn und sein Volk betraf. Doch die Häuptlinge hielten ihre Bemerkungen kurz, denn ich glaube, sie waren wie ich voller Ehrfurcht vor dem Großen Geist, der Hiawatha offensichtlich in diesem Augenblick geworden war. Einige sagten, sie hätten während Hiawathas Rede eine große geflügelte Gestalt gesehen, die über ihn bis in die Bäume ragte. Ich sah nur Hiawatha, doch ich sah ihn, wie ich ihn in den Anden, im Himalaya und damals am Ufer des Sees Genezareth gesehen hatte. Da war keine Gegenwart, die Hiawatha überstrahlt hätte. Er hatte den großen ewigen Geist, der die Wahrheit in jedem Menschen ist, in seinem Herzen einfach willkommen geheißen.

Kapitel 10

Wir gründen die Konföderation

Was dann inmitten einer solchen Versammlung von Jägern und Kriegern geschah, war besonders bemerkenswert. Einige meinten später, es sei ein Wunder gewesen. Jedoch erschien es denen von uns, die es unmittelbar miterlebten, nicht unnatürlich. Es schien tatsächlich so natürlich zu sein, so im Fluß von Hiawathas Rede, daß wir uns nur einen Augenblick lang ablenken ließen.

Hiawatha sprach darüber, daß das Leben des Großen Geistes nicht nur in den Menschen, sondern auch in den Geflügelten und den Vierbeinern fließt. In diesem Augenblick, als er das sagte, landete eine große Schneeeule wie ein Geist in einem Baum dicht hinter uns, und zwei Hirschkühe, denen ein weniger abenteuerlustiger Hirschbock folgte, schritten zwischen den sitzenden Menschen hindurch und sprangen von Zeit zu Zeit vorsichtig über die hinweg, die ihnen im Wege saßen. Hiawatha deutete auf die Hirsche und auf die Eule.

„Wir wollen uns auch zum Frieden mit ihnen verpflichten", sagte er, „und nur dann Leben nehmen, wenn wir unser Volk ernähren müssen. Wir wollen uns bei dem Geiste des Tieres bedanken, dessen Form wir essen, und bei dem Großen Einen, der als all diese Formen und in all diesen Formen erscheint, in jedem Baum, jeder Blume, jedem Kräutersamen, jedem Tier, jedem Strom, jedem Stein, in jedem lebenden Sein.

Der Große Eine ist hier. Er ist heute zusammen mit uns bei unseren Beratungen. So wie der Große Eine diese Zeremonie inspiriert hat und hier zugegen ist, so möge er von nun an all unsere Handlungen lenken — alles, was wir tun, alles, was wir sagen — und wie am Anfang auch weiterhin zugegen sein. Möge unser Leben und das Leben der Stämme, die wir achten, der Verbreitung des Friedens gewidmet sein. Mögen wir den Frieden bis hin zu den fernen, weitverstreuten Leuten der Wälder und Ebenen tragen. Dies ist die beste Möglichkeit, unserer Mutter, der Erde, Achtung zu erweisen. Wir sind das Volk, das in der Wahrheit geblieben ist. Möge es immer so sein."

Während Hiawatha sprach, hüllte sich der Wald um uns fast unmerklich in Dämmerung. Lichter wurden angezündet, eines nach dem anderen. Ganz allmählich begann sich das Becken rund um den neuen Baum mit einer Menge kleiner Feuer zu füllen, die auf den nahegelegenen Hügeln zu tanzen schienen, wenn die Menschen ihnen nahten, um sich an den Flammen zu wärmen. Der Vollmond war noch nicht aufgegangen, doch über uns erschienen nach und nach die Sterne am Himmel, als ob sie unsere vielen kleinen Feuer spiegeln wollten. Ein größeres Feuer wurde vor dem Hügel mit dem frischgepflanzten Baum angezündet. Auf diesem Hügel neben dem Baum mit den Großen Langen Blättern stand Hiawatha.

„Wenn von vielen Familienfeuern heute abend Rauch aufsteigt und sich über den Wald ausbreitet", sagte er zu den Irokesen, „dann wollen wir daran denken, daß Rauch von zahlreichen Feuern aufsteigt, und keines ist besser als das andere. Auch wenn ein Feuer heller brennen mag und ein anderes schwächer, wer kann sagen, welches von beiden weiser ist? Ihr wißt genausogut wie ich, daß beide ihre Zeiten haben. Denkt immer daran, daß die Wahrheit aus vielen Herzen entspringt und viele äußere Formen annimmt und nicht zwei gleich sind. Eins im Großen Geist, wollen wir keinen einzelnen Führer, keine einzelne regierende Familie noch eine Klasse regierender Schamanen, denn diese Tradition ist die Tradition der Krieger und nicht die Tradition der Ongwhehonwhe. Diesen Brauch wollen wir zusammen mit den Waffen beerdigen. Er soll mit dem Baum, der nicht mehr ist, vergessen werden.

Unter dem Baum mit den Langen Großen Blättern, dem neuen Baum, der in unseren Herzen blüht, gibt es nur einen Führer, nur einen Häuptling — Wakan Tanka — den Schöpfer, den Ewigen, der im Licht jeden Sternes scheint und im Feuer der Sonne brennt. Wisse, mein Volk, *dieser Eine lebt in euch!* Schwächt das Sonnenlicht nicht ab, indem ihr eure eigene Macht an andere abgebt.

Von diesem Tag an sollen alle Menschen, die die irokesische Sprache sprechen, erkennen, daß Hierarchien den Boden so unfruchtbar machen, daß der Baum des Friedens welkt und bald darauf stirbt. Wo immer ihr die feste Herrschaft eines Mannes oder einer kleinen regierenden Elite seht, findet ihr eine Gesellschaft, die sich auf Regeln der Gewalt gründet. Solch eine Gesellschaft lagert unter den Ästen des Kriegsbaumes. Gewalt ist die Wurzel der hierarchischen Gesellschaften. Solche Gesellschaften werden den Frieden niemals finden. Menschen, die so leben, werden immer rastlos sein und Krieg führen — wenn nicht mit anderen, dann mit sich selbst.

Aus der Sicht Gottes gibt es keine Hierarchie. Solche Dummheit ist gesunden Stämmen unbekannt.

Kein Mann soll zeit seines Lebens Führer sein; denn ich sage euch, wenn ein Mann zu lange Führer gewesen ist, dann hat er völlig versagt. Der Führer, der die Macht und das Geheimnis des Großen Einen verwaltet, führt wegen eines bestimmten Zieles, in einem bestimmten Augenblick, eine Zeitlang bei einem Vorhaben oder während einer Reise.

Keine von den Gänsen, die ich gerade über uns hinwegfliegen höre, ist so dumm, zu versuchen, immer vor ihrer Schar herfliegen zu wollen. Ihre Flügel würden bald erlahmen, und sie würde sicher abstürzen. Der Geist eines solchen Durcheinanders kann nirgendwo Nachahmer finden — außer vielleicht in den niederen Regionen hier", sagte Hiawatha und stampfte mit dem Fuß auf den Hügel. „Laßt uns die Waffen und die damit verbundene Lebensweise besser vergessen.

Keiner von euch soll sich als Schüler oder Anhänger von mir

oder Deganawida fühlen, denn einer, der sich für einen Schüler hält, wird niemals größer werden als sein Meister. Und eine, die sich als Nachfolgerin fühlt, kann ihren Führer niemals übertreffen. Jeder von euch ist fähig, all das zu vollbringen, was wir hier geschafft haben — wahrscheinlich sogar mehr. Was wir in den letzten fünf Jahren vollbracht haben, ist nur eine Kleinigkeit, verglichen mit dem, was ihr in der Zukunft vollbringen werdet. Erwartet nicht von uns, daß wir eure Schritte auf dem Pfade des Friedens leiten, sondern schaut nach innen und erkennt den Großen Geist, der die Quelle unseres Pfades ist, die Quelle unserer Worte und der Ursprung des tiefsten Friedens. Laßt euch von *seinem* Geiste führen. Ihr werdet euch niemals verirren.

Für eine gewisse Zeit mag es angemessen sein, daß wir beide eine Inspiration für euch sind, doch wisset, daß ihr zu gegebener Zeit andere inspirieren werdet, und diese anderen werden wieder andere inspirieren. Und so, wie der Rauch unserer vielen einzelnen Feuer heute nacht zum Himmel steigt und zu einem Rauch wird, der vom Baum mit den Großen Langen Blättern ausströmt, welchen wir hier gepflanzt haben, so mögen diese Gedanken, die ihre Wurzeln im Frieden haben, zu allen Nationen und Völkern der Welt dringen. Laßt die Wurzeln dieses Baumes wachsen und diesen Waldboden unter uns durchziehen. Gerade jetzt sehe ich, wie sie wachsen", sagte Hiawatha und deutete auf den Boden vor ihm, „Große Weiße Wurzeln des Friedens."

Viele sahen in diesem Augenblick, wie der Baum um eine Handbreit oder mehr wuchs. Im Schein des Feuers sahen andere mit ihren inneren Augen, wie vier große weiße Wurzeln tief in den Waldbogen drangen, sich unter der Erde in die vier Himmelsrichtungen verzweigten und bis zu den unterirdischen Strömungen gelangten, die die Leidenschaften der Menschen bestimmen. Die Großen Weißen Wurzeln des Friedens wurden in jenen Augenblicken für viele spürbar und real. Über uns zogen unsere Gedanken und Ideen wie Rauch zu den Sternen.

Als Hiawatha sich am Fuße des frischgepflanzten Baumes niederließ, um auszuruhen, stand ich auf. Hinter uns ging langsam ein majestätischer orangefarbener Mond auf, der sich halb hinter den nackten Bäumen zeigte. Ich sprach langsamer. Ich war mir bewußt, daß jedes Wort, das ich jetzt sagte, leise wiederholt werden und von einem zum anderen weitergeflüstert würde. Ich konnte die Wiederholungen fast wie ein Echo oder eine sanfte Brise durch den Wald rauschen hören. Ich bat die fünf versammelten Nationen, Hiawatha je einen Pfeil zu übergeben. Alle Anwesenden konnten sehen, wie die Pfeile einer nach dem anderen auf die Kuppe des Hügels gebracht und feierlich in Hiawathas ausgestreckte Hand gelegt wurden.

„Heute", sagte ich und machte eine Pause, bis das Echo die entferntesten Bäume erreichte, „heute haben wir unsere individuelle Kraft zu einer einzigen großen Kraft zusammengeschlossen, zur Macht dieser Konföderation. Wir schaffen ein Symbol für diese Vereinigung, indem wir diese fünf Pfeile zu einem Bündel zusammenfassen, je einen Pfeil von jeder unserer Nationen. Hiawatha bindet diese Pfeile mit einer Hirschsehne, die stark und dauerhaft ist, an den Stamm des Friedensbaumes. Und genauso stark, bindend und dauerhaft wollen wir uns dem Großen Frieden weihen. So möge uns die Wahrheit, die wir bei diesem Ereignis hier gefeiert haben, zu einem einzigen Wesen binden, auf daß wir von nun an in Einigkeit zum Wohle aller zusammenwirken.

Wenn nur ein Pfeil aus diesem Bündel entfernt wird, verliert es viel von seiner Stärke. Wenn zwei Pfeile herausgenommen werden, ist die Macht der Konföderation stark geschwächt. Wenn drei Pfeile fehlen, kann jeder sich des Bündels bemächtigen und es leicht in zwei Teile reißen. Allein haben die Pfeile wenig Macht, selbst ein Kind könnte sie zerbrechen. Doch fest zusammengebunden in einem Bündel sind sie stark genug, um allem zu widerstehen, was ihnen in den Weg treten mag.

Die fünf Nationen sollen der Zukunft gemeinsam gegenübertreten. Wir wollen als ein Geist die Gedanken unseres Schöpfers denken und immer versuchen, die Schwierigkeiten inner- und außerhalb unserer Liga friedlich zu lösen. Wir wollen als ein Wesen mit einem Herzen das Mitgefühl des Großen Geistes spüren und stets versuchen, Blutvergießen zu vermeiden. Wenn einer von uns von außen angegriffen wird, dann wollen wir uns alle zusammen gegen dieses Böse wenden und als Einheit mit der Stärke eines einzigen Körpers handeln. Daraus werden wir große Macht beziehen, denn vom heutigen Tage an werden wir als eine vereinigte Nation stehen oder fallen. Wir wollen dieses Bündel Pfeile am Baum mit den Großen Langen Blättern lassen, damit es uns immer an unsere Vereinigung erinnert."

Ich trat vom Hügel herunter und bat alle, denen es möglich war, aufzustehen und mit mir und Hiawatha einen Kreis um den Baum des Friedens zu bilden.

„Indem wir uns gegenseitig fest an den Schultern halten", sagte ich, „bilden wir einen Kreis, der so stark ist, daß keiner ihn durchbrechen kann. Wir wollen unser Leben in diesem Kreis der Hingabe an den Großen Frieden leben. Immer sollen Freundschaft, Aufrichtigkeit und Brüderlichkeit zwischen uns herrschen. Unsere Kinder und Kindeskinder sollen in diesem Kreis des Friedens und der Sicherheit aufwachsen. Nichts soll unsere Hingabe an die Grundsätze erschüttern, die wir durch diese heilige Vereinigung anerkannt haben.

Erinnert euch stets daran, daß jeder in diesem Kreise dieselbe Stellung und dieselbe Macht hat. Mit Freundschaft und Kommunikation, mit Geduld und Verständnis gibt es nichts, über das wir uns im Laufe der Zeit nicht einigen könnten. Wir wollen dem weißen Panther der Zwietracht nicht erlauben, in unsere Übereinkünfte zu springen und zu knurren. Denn diejenigen, die streitsüchtig sind und wiederholt Schwierigkeiten machen, werden aus der Liga ausgeschlossen, so wie der Sturm die trockenen Blätter vom Baume reißt. Und diejenigen, die aus der Liga der fünf Nationen ausgeschlossen worden sind, wird man nie wieder bitten zurückzukehren.

Doch, meine Brüder", sagte ich, „meine Schwestern aus dem

Wald, wir wollen hoffen, daß wir solche Maßnahmen nicht ergreifen müssen. Denn der Große Geist hat uns mit allem, was wir brauchen, ausgestattet, um wieder zur Vernunft zu kommen, sollten wir je von einer blinden Leidenschaft verwirrt worden sein. Wenn sich einer von euch wütend oder verwirrt fühlen sollte, rachsüchtig oder furchtsam, dann steige er auf den höchsten Baum, den er finden kann, und bitte den Schöpfer dieser Welt um Erlösung. Er rufe die geistigen Stämme an und warte auf die Antwort.

Laßt eure Haut so dick werden wie die Rinde eines großen Baumes, damit die Stacheln und Spötteleien der anderen euch nicht aus dem Gleichgewicht bringen können oder eure Mitte verletzen. Entwürdigt euch nicht, indem ihr als Menschen bekannt werdet, die schnell die Beherrschung verlieren, sondern laßt Geduld, Toleranz und durchdachte Weisheit euer Leben bestimmen. Denkt jedoch nicht schlecht von euch, wenn ihr wütend oder verwirrt seid. Vielleicht will euch Gaha nur damit sagen, daß es schon viel zu lange her ist, seit ihr das letzte Mal auf einen Baum gestiegen seid! Wir alle müssen uns mit diesen Leidenschaften während unserer Erdenwanderung auseinandersetzen. Doch denkt daran, daß wir nichts mehr alleine angehen müssen, denn dieser Kreis hat uns für immer vereint.

Ihr werdet keine Schwierigkeiten mehr haben, die nicht auch meine Schwierigkeiten sein werden, und keine Freude, an der ich mich nicht auch freuen würde. Ich spreche von meinem Herzen — doch hier sind heute viele tausend Menschen versammelt, die dasselbe von ihren eigenen Herzen sagen würden. Wenn euch das heute tausend Menschen sagen, wie viele werden es erst in den folgenden Jahren werden? Erinnert euch daran, daß Hilfe immer möglich ist.

Ihr habt Freunde in den höheren Welten, die kommen, wann immer ihr sie ruft, und ihr habt Freunde in dieser Welt, die genauso handeln. Ruft vom höchsten Baum aus die Wahrheit eures Geistes und wisset, daß immer, immer Freunde kommen werden.“

Dann löste sich der Kreis unter einem immer stärker werdenden Chor von Zustimmung auf, und ich nahm meinen Platz neben Hiawatha oben auf dem Hügel ein.

„Wenn ein Mensch oder ein Volk", fuhr ich fort, „in seinem Herzen Frieden will, dann sollen die Großen Weißen Wurzeln des Friedens für diesen Mann und dieses Volk zur einzigen Quelle im Sein des einen großen ewigen Geistes werden, dessen Gegenwart in jedem schlagenden Herzen lebt. Sie sollen unter den Langen Blättern des blühenden Friedensbaumes Zuflucht suchen. Sie sollen ihr Leben im Schutze dieser Wahrheiten leben. Denn jene, die nach diesen Grundsätzen und Wahrheiten leben, werden unterstützt und versorgt, ihre Familien gedeihen und werden ein Segen für ihren Stamm, für die Vierbeiner, die Geflügelten und für die Menschen jeden Volkes, dem sie begegnen mögen.

Laßt bei euren Beratungsfeuern bekannt werden, daß ein Anführer für die Unternehmungen des Stammes notwendig ist, denn das hält die Macht und die Einheit des Volkes zusammen. Doch künftig soll die Führerschaft nach dem Laufe der Jahreszeiten bestimmt werden. Eure Häuptlinge und Obersten sollen sich genauso ablösen, wie das Herbstlaub den neuen Blättern des Frühlings weicht. Da die Irokesen den Brauch haben, Krieger zu ihren Häuptlingen und Anführern zu machen, und da sich dieser Brauch nicht ändern wird, bis der große weiße Sturm vorüber ist, sollen es die Frauen eures Stammes sein, die sich in der Zeit des Mondes „Wenn Der Erste Schnee Fliegt" zusammenfinden und in gleichberechtigter Abstimmung entscheiden, wer die obersten Häuptlinge und Führer für das kommende Jahr sein sollen."

Hier wurde ein erstauntes Raunen laut.

Nicht, daß der Vorgang der Wahl selbst neu gewesen wäre. Im Grunde genommen waren alle Häuptlinge und Führer schon immer auf diese Weise bestimmt worden. Jedoch waren in der Vergangenheit die Wahlen der Stämme immer zwanglose Zusammenkünfte gewesen, in denen die lauten Stimmen der

Männer stets überwogen hatten. Die Frauen hatten eine indirekte Rolle gespielt, indem sie ihren Brüdern, Ehemännern und Vätern bei der Meinungsbildung halfen. Doch meistens hatten nur die stärkeren, freimütigeren Frauen den Wahlgang direkt beeinflußt. Den Frauen nun nicht nur eine Rolle, sondern eine Hauptrolle in einem förmlichen und rituellen Wahlgang zu geben, war eine ganz neue Vorstellung. Sie wurde im Geiste guten Willens aufgenommen und bald schon ehrfürchtig beraten.

Die nächsten Tage wurden damit verbracht, die Verfassung der neuen Liga der irokesischen Völker festzulegen.

Die Konföderation wurde in drei Körperschaften unterteilt: die Mohawks — *die Wächter des östlichen Tors* – bildeten zusammen mit den Seneca — *den Wächtern des westlichen Tors* – eine Körperschaft; die Oneida bildeten zusammen mit den Kayuga eine weitere; in der Mitte waren, sowohl politisch wie geographisch, die Onondaga, *die Wächter des Inneren Feuers.* Wenn die beiden Stämme einer Körperschaft mit den beiden Stämmen der anderen Körperschaft bei einer Entscheidung übereinstimmten, wurde sie den Wächtern des Inneren Feuers übergeben. Waren die Onondaga mit der vorgeschlagenen Handlung nicht einverstanden, ging sie an den Rat der vier Stämme zu weiterer Beratung zurück. Wenn die vier Stämme sich weiterhin einig blieben, wurde die Angelegenheit offizielle Politik.

Gab es keine Übereinstimmung zwischen der Mohawk- und Seneca-Seite des Beratungsfeuers und der Oneida-/ Kayuga-Seite, wurde die Angelegenheit den Hütern des Inneren Feuers zur letztendlichen Entscheidung übergeben. Am Ende kam es immer zur Übereinstimmung.

Während aller Beratungen wurden alle fünfzig Häuptlinge, oder *Sachems,* von denen jeweils zehn das Volk jedes einzelnen der fünf Gündungsstämme vertraten, dazu angeregt, offen zu diskutieren. Wenn jedoch eine Entscheidung die offizielle Politik der Liga geworden war, war es für die Sachems Ehrensache, ihre persönlichen Ansichten zurückzustellen und diese endgültige Entscheidung zu unterstützen. An diesem Prinzip, die persönlichen Ansichten zurückzustellen und die Ziele der vereinigten Körperschaft der Völker, wenn sie entschieden waren, voll und ganz zu unterstützen, wurde in den frühen Jahrhunderten der Konföderation sorgfältig festgehalten. Es war ein heiliger und geachteter Bestandteil des *Gayaneshakgowa,* des Großen Friedensgesetzes.

****

Viele Jahrhunderte lang war die Demokratie im Irokesenbund schon ausgeübt worden, bevor sie von den amerikanischen Kolonisten, die mit der britischen Krone in Schwierigkeiten geraten waren und die Geduld verloren hatten, leicht verändert übernommen wurde. Obwohl diese Praxis im Laufe des achtzehnten Jahrhunderts ein wenig degenerierte, verblieb im Herzen eines jeden Irokesen — und das gilt bis zum heutigen Tage — ein starkes Gefühl dafür, wie gefährlich die Führerschaft einer eingefahrenen „vertikalen" Hierarchie ist.

Es ist nicht erstaunlich, daß ein Siedlerjunge, der in den Wäldern Virginias aufwuchs, mit diesem Gedankengut vertraut war, und es ist nicht erstaunlich, daß Jefferson, Washington, Franklin und Monroe schließlich das dachten, was sie dachten. Obwohl wir uns selten länger als einen oder zwei Sommer oder Winter in den Kolonisten Amerikas inkarnierten, waren wir doch immer da. Aus jedem Baum, aus den Blüten jeder Blume, aus den Augen der Vögel und der Kinder beobachteten wir diese Siedler. Wir waren es, die ihnen unseren Rehbraten für ihren „Tisch" gaben, wir beeinflußten ihre Träume, und wir begünstigten durch Jefferson und andere die vollständige und entschlossene Ablehnung der Aristokratie auf amerikanischem Boden.

In jenen Jahrzehnten waren wir stark und konzentriert in den amerikanischen Kolonien gegenwärtig und halfen der Regierung der neuen Vereinigten Staaten, viel von den Prinzipien des Irokesenbundes in die Bildung ihrer Regierungsform miteinzubeziehen. Wir halfen ihnen, eine Demokratie einzuführen, die das periodische Auswechseln des Führers, die Anerkennung gewisser unveräußerlicher Grundrechte ihrer Bürger und eine dreigeteilte ausgewogene Machtstruktur unter den gewählten Volksvertretern verlangte.

Wir wußten, daß diese frühen Siedler den Rahmen für den großen Schmelztiegel schufen, der Amerika bald werden sollte. Wir wußten, daß sie die politische Struktur schufen, die die Verhandlungen der politischen Vertreter der vier Rassen während der letzten entscheidenden Jahrhunderte vor dem Anbruch der Neuen Ordnung der Zeitalter führen sollte. Nicht eher kehrten wir zu allgemeineren Beschäftigungen zurück, als bis die neue Regierung „vom Volk, durch das Volk und für das Volk" sicher eingesetzt worden war.

Die Großen Weißen Wurzeln des Friedens, die von den fünf Nationen an dem jetzt weit zurückliegenden Tage erkannt wurden, stehen für ein tiefes, echtes Verständnis, das fest im Bewußtsein eines historischen Volkes wurzelte — ein Verständnis, das Amerika nie verlassen hat und nie verlassen wird, obwohl es in dem Sturm der letzten fünf Jahrhunderte verzerrt wurde.

Wir laden alle ein, die dazu fähig sind, zu jenem Tag zurückzuschauen, an dem die Lehren vom blühenden Baum in Amerika von neuem eingeführt wurden. Wir laden jene von euch ein, die diese Dinge in den Aufzeichnungen lesen können, die im Kreisen der Elektronen in den Blättern von jenen Bäumen zurückgelassen wurden, die heute an denselben Orten wachsen, jene von euch, die ihre Gedanken zurückschweifen lassen können, um die Chronik dieses herbstlichen Treffens an den Ufern der Onondaga zu lesen, euch sensible Menschen, euch Dichter. Wir laden euch ein, jene Zeiten zu erforschen, die wir von der geistigen Welt auf den wenigen Seiten dieses Buches nur andeuten können. Was damals durchdrang, war der Same dessen, was ihr jetzt als das globale spirituelle Erwachen erfahrt.

Die Winde des Bewußtseins, die durch die führende Gedankenwelt dieses späten zwanzigsten Jahrhunderts wehen, sind dieselben Winde, die in den Blättern der Bäume während Hiawathas Rede rauschten, dieselben Winde, die den Rauch der vielen kleinen Feuer der herbstlichen Ratsversammlung zusammenfaßten und ihn in einer einzigen Spirale aufsteigen ließen, die bis zum heutigen Tag die Himmel des menschlichen Bewußtseins segnet. Der Bericht, den wir auf den Seiten dieses Buches geben, zeichnet nur eine Bleistiftskizze von den Ereignissen, die damals geschahen. Unsere Worte sind nur Symbole, Radierungen, grobe Umrisse. Die Realität dahinter lebt und atmet. Ihr werdet sie in euren Herzen finden. Ihr seid diejenigen, die sie der Welt von heute bringen sollen.

Der Rauch, der von jenen Feuern aufstieg, die einst auf den Hügeln des oberen Staates New York bei der Gründung der Irokesischen Liga brannten, steigt auch heute noch auf. Er steigt im Bewußtsein der Menschen auf, die in den Vereinigten Staaten Entscheidungsträger sind, nicht weit von dem Ort entfernt, an dem einst der Baum des Großen Friedens gepflanzt wurde. Er steigt auf als neue Ideen, neue Vorstellungen, neue Einsichten in die Natur des Friedens, in jenen Ländern überall auf der ganzen Welt, deren Grenzen langsam dahinschwinden, deren Aristokraten einer nach dem anderen heruntersteigen, um ruhig im Kreise der Edlen zusammenzusitzen, als Freunde unter Freunden, Gleichgestellte unter den Ästen eines neuen blühenden Baumes.

Viele riechen den Rauch unserer Feuer. Es sind die Feuer der Gedanken. In Liebe entfacht. Sie brennen für euch. Sie rufen. Sie rufen euch nach Hause.

Kapitel 11

Die neue Informationsgesellschaft

So geschah es im Monat „Wenn Die Gänse Nach Süden Fliegen" — in dem Jahre, in dem der Baum mit den Großen Langen Blättern gepflanzt wurde, im elften Jahrhundert, welches unseren Aktivitäten in Galiläa folgte, daß in den Wäldern Nordamerikas Frieden einkehrte. Nach einer Zeit traten die Tuscarora der Konföderation bei und machten die Körperschaft der sechs Nationen, wie sie historisch überliefert ist, vollständig. Wie die Jahre vergingen, erfreuten sich Dutzende von Stämmen und Völkern an dem Frieden, der von dieser machtvollen Allianz ausging. Die Liga der Irokesen beeinflußte Stämme, die so weit entfernt lebten wie die Osage und die Omaha, und trug stark dazu bei, das Wissen um den Heiligen Ring und den Frieden, der ihm so sicher folgt wie der Sommer dem Frühling, zu verbreiten.

Fast drei Jahrhunderte lang wurde die Religion des Kreises wieder unter den Irokesen und den vielen Stämmen, mit denen sie Handel trieben, verehrt. Die Lehren des Blühenden Baumes beeinflußten die Menschen, die im großen Zentraltal des Mississippi lebten, im Flußtal von Ohio, in den Flußtälern von Montreal und Tennessee und in all den Wäldern, die dazwischen lagen. Die Gottheiten des Himmels, der Sonne, des Mondes und des Regenbogens wurden verehrt und gefeiert. Es gab nur wenige Waffen.

Vom Onondagasee ging Hunderte von Meilen nach Norden, Süden, Osten und Westen friedlicher Handel aus. Wunderschönes Kunsthandwerk entstand: Schmuck, Keramik und außergewöhnliche Malereien mit tiefsinnigen Motiven. Große Erdhügel in Form von Tieren und Vögeln wurden freigelegt und wieder zu Zentren geistiger Einheit und Harmonie unter den Völkern gemacht. Zeremonien in Kreisen aus Stein erinnerten die Menschen daran, daß das Leben selbst die größte aller Zeremonien ist.

Obwohl es die Ankunft der Europäer war, die schließlich die letzten Spuren des Großen Friedens auslöschte, war die Liga zu diesem Zeitpunkt schon heruntergekommen. Wenn wir unsere Augen über die Bilder schweifen lassen, welche die heutige Generation in Amerika von dieser Zeit hat, sehen wir zahlreiche falsche Wahrnehmungen. Auf der einen Seite stehen die Bilder derjenigen, die die eingeborenen Amerikaner des fünfzehnten und sechzehnten Jahrhunderts romantisieren und sie als ein idyllisches Volk darstellen, das sie zu diesem Zeitpunkt sicher nicht mehr waren. Auf der anderen Seite stehen die „offiziellen Bilder", mit denen praktisch jedes amerikanische Schulkind vertraut ist. Keines der beiden Extreme stimmt. Dennoch liegt die Wahrheit näher bei den Bildern, die die Romantiker malten, denn sie hatten zumindest ein Gefühl für die Welt der Visionen, in der die eingeborenen Amerikaner lebten — eine Bewußtseinswelt, die die Europäer bis zum heutigen Tage nicht verstanden haben. Intuitiv waren die sensibleren Romantiker fähig, den Zustand Amerikas zu erfühlen, wie er *Tausende von Jahren vor* der europäischen Eroberung wirklich existiert hatte, und in bester Absicht verwirrten sie diese frühere Zeit mit dem Amerika Neu Amsterdams, dem Amerika der Pelzhändler, der Pilgrims und Samuel de Champlains.

Selbst nachdem sich die meisten von uns in die geistige Welt zurückgezogen hatten, hielten die amerikanischen Eingeborenen wenigstens daran fest, unsere geistige Präsenz anzuerkennen, auch in Gebieten, wo sich seit tausend Jahren keiner von uns verkörpert hatte. In Süd- und Mittelamerika degenerierten die Werte schneller, doch in Nordamerika gab es — bis zur Ankunft des weißen Mannes — Grundwerte, die niemals verletzt wurden.

Zum Beispiel war das Skalpieren bis zu dem Zeitpunkt, als es die Europäer zum Zwecke des Völkermords an den Eingeborenen einführten, völlig unbekannt. Und die Vorstellung, ein Tier ausschließlich wegen seines Pelzes zu jagen und zu töten, war unserem Volke gleichermaßen fremd. Selbst bei dem ängstlichsten der amerikanischen Stämme in den präcolumbischen Zeiten wurde ein Tier nie getötet, ohne seinem Geist zu danken, und sein Fleisch wurde mit Achtung und Dankbarkeit genutzt.

Doch die kalten Händler, deren Geschäfte im sechzehnten und siebzehnten Jahrhundert im Dienste der kultischen Verehrung der europäischen Monarchen florierten, sahen in den eingeborenen Amerikanern nur Werkzeuge, Tölpel und Dummköpfe, die sie durch Bestechung in ihre Dienste nahmen, wenn das gerade in ihre Pläne paßte, oder wie Tiere jagten, wenn ein größerer Profit durch ihre Vernichtung zu erzielen war. Als diese Händler ihre Gelehrten dazu veranlaßten, Geschichtsbücher zu schreiben, erwähnten sie in keiner Weise die visionäre Welt oder den edlen Charakter des eingeborenen amerikanischen Volkes. Statt dessen bauschten sie die Handlungen der skrupelloseren Eingeborenen maßlos auf und stellten alle Amerikaner als wilde Barbaren hin. Doch das war zu erwarten. Schließlich herrschten noch die dunklen Zeiten. Nur die schlimmsten — oder die allerbesten — einheimischen Kinder Amerikas verkörperten sich weiterhin auf der Erde. Die sanfteren Geister hatten sich lange zuvor schon gegen eine Verkörperung entschieden. Mitte des siebzehnten Jahrhunderts begannen selbst die kriegerischen Eingeborenen dasselbe zu tun. Zwischen 1650 und 1900 wurde die ursprüngliche Bevölkerung Nordamerikas um beinahe achtzig Prozent reduziert.

Weder Deganawida noch Hiawatha konnten den Lauf der Geschichte aufhalten. Selbst die Liga der Irokesen vermochte die unvermeidliche Vermischung der vier Rassen nicht abzuwenden, die unserer Rückkehr zur Erde vorausgehen mußte. Doch genauso wie die Lehren Jesu den Europäern geholfen haben, die Gewalt in den letzten zwei Jahrtausenden einzudämmen, so halfen unsere Taten, welche die Gründung der Irokesischen Liga und des gegenwärtigen amerikanischen Regierungssystems herbeiführten, die Gewalt der allerletzten Jahrhunderte zu mindern. Ihr erinnert euch dieser Jahre *anno Domini* als einer gewalttätigen Zeit, doch die Tatsache, daß ihr euch überhaupt an sie erinnert und daß ihr Aufzeichnungen und herrliche Kunstwerke aus ihr bewahrt habt, ist Beweis dafür, daß sie im Vergleich zu der Dunkelheit, die ihr vorausging, doch eine Verbesserung darstellt.

Wenn ihr Gott für das Volk und die Gedanken dankt, die geholfen haben, diese Jahrhunderte wesentlich besser zu gestalten, als sie schlimmstenfalls hätten sein können, dann dankt auch den Gottheiten des Himmels, der Sonne, des Mondes und der Sterne. Dankt den Gottheiten, die in den Bäumen leben, die in den Quellen sprudeln, die euch mit Trinkwasser versorgen, die Weizen, Mais und Kartoffeln auf den Feldern reifen lassen. Denn obwohl diese Gottheiten völlig ignoriert wurden, haben sie weiterhin ihren wohlwollenden Einfluß ausgeübt und euch geholfen, das Trauma der letzten Jahrhunderte zu erleichtern. Als Flüstern hier und dort, als freundliche Stimmen in euren Träumen, als die beruhigenden Bilder der Bäume vor dem Fenster, bevor ihr nachts in den Schlaf sankt; auf unzähligen unerkannten Wegen sind sie gekommen, um eurer Aggressivität die Spitze zu nehmen. Dankt ihnen. Sie haben viel Leid verhindert. Achtet und ehrt sie. Sie sind die Diener Gottes.

Obwohl sie dieselben Gottheiten sind, die die Tuatha De Danann an den Seen von Killarney verehrten, dieselben Gottheiten, denen die Druiden an jeder sprudelnden Waldquelle mit dem ersten Becher Wasser dankten, dieselben, die afrikanische und australische Eingeborene heute noch anrufen, sind sie doch keine „heidnischen" Götter. Sie sind Helfer, lebenswichtige Energien, welche alle über Bewußtsein verfügen. Sie sind besondere Formen, die sich Gott gewählt hat, um euch in dieser materiellen Welt zu helfen. Jedesmal, wenn ihr einem von ihnen Achtung erweist, ehrt ihr Gott.

Ihr seid vielleicht das einzige Volk, das keine Namen für diese feinen Essenzen der Göttlichkeit hat. Sie bilden das große Pantheon der Wunder, das gleich den Farben des Regenbogens schwingt und sprüht, und sie vereinen sich in einem einzigen Großen Geiste, demselben Christus, demselben Wakan Tanka, derselben ewigen Sternenfeuerliebe, dem Funken, der überall als die Quelle des Lebens geehrt wird.

Genauso wie es in Wirklichkeit keinen Konflikt zwischen den Elementarkräften der Erde und dem Flüstern des Sonnenwindes gibt, so wie es keinen Konflikt zwischen Ozean und Küste, weiblich und männlich, Mondenlicht und Sonnenlicht, Tag und Nacht gibt, genauso gibt es auch keinen Konflikt zwischen dem Monotheismus der europäischen Traditionen und dem Pantheismus der Naturvölker der ganzen Erde. Gebt die verzerrten Vorstellungen und den Mißbrauch beider Traditionen auf.

Seht Gott in dieser neuen Welt des Lichtes in allen Dingen. Begreift, daß ihr Gott ehrt, wenn ihr einen Aspekt seiner selbst ehrt. Spart eure Achtung nicht nur für ein Bild in eurer Kathedrale auf — oder im Bewußtsein. Schließt jeden Spatzen, jedes Kind, jede Blume mit ein. Achtet jeden Kieselstein, der am Strande glitzert.

Ehrt den Geist Gottes nicht im Abstrakten, sondern in euren Schwestern und Brüdern und in eurem eigenen Herzen. Seid freigiebig mit eurer Achtung. Gebt sie dem Wild im Walde, dem Adler, der sich seinen Weg über die Gebirgspässe sucht, dem Biber, der jeden Augenblick seines Lebens liebt. Ihr ehrt Gott, wenn ihr alles ehrt, was er geschaffen hat. Dankt den vielen Wesen, die dieses Zeitalter soviel heller für euch gemacht haben. Gebt ihnen eure Liebe. Seht sie in jedem Schimmer des Mondlichtes und in jeder Waldlichtung.

Wenn ihr den Christus erkennt, dessen Körper die ganze Erde offenbart, wenn das Licht Gottes in euch lebt, wenn eure Individualität alles, was sie ausmacht, demütig in den Dienst eurer Universalität gestellt hat und ihr euch selbst als eins mit dem großen Sein, als dessen Vertreter ihr hier auf der Erde lebt, empfindet, dann werdet ihr wirklich ein Pantheon von Gottheiten schauen! Jeder einzelne wird euch von der Freude, dem Wunder und der großartigen, gesegneten Herrlichkeit des Einen singen.

Wenn ihr in dem Einen lebt und schwingt, dann singt eure Individualität in Harmonie mit den anderen Menschen eures Volkes, so wie euer Volk in Harmonie mit den anderen Völkern der Erde singt, die in dieser Welt das Bewußtseinsorgan des Einen bilden. Ihr seid die Möglichkeit Gottes, Mensch zu werden, die Möglichkeit, seinen Garten zu bestellen. Ihr seid die Möglichkeit, durch die Gott mit der Schöpfung in Beziehung tritt. Diese Welt ist eure Entfaltung. Ihr habt sie erschaffen, damit ihr euch als diese menschliche Familie in biologischer Substanz an der Zeit erfreuen könnt.

Es ist merkwürdig für uns, euch jetzt auf diese Weise anzusprechen — für uns, die wir der Teil eurer selbst sind, der wach blieb, während ihr schlafend diese Rasse aus euren Träumen führtet, denn ihr verkörperten Menschen dieses Zeitalters schlummert immer noch im Bilde unserer Kinder. Doch wir wissen, daß wir euch am besten aufwecken, indem wir euch als unsere Quelle ansprechen. Wie sollen die Eltern zu einem Kinde sprechen, von dem sie wissen, daß es bald ein Gott sein wird? Wie können wir, die wir eure schlafwandlerischen Schritte geleitet haben — und euch immer wieder davor bewahrten, in den Abgrund der Unwissenheit zu stürzen — jetzt die Sichtweise ändern und euch so wahrnehmen wie damals, als die Welt jung war und euer Geist uns gebar? Wie? Mit Vergnügen. Mit Freude. Und mit einem Gesang, der für immer in den Spiral-Feuern eurer ewigen Liebe aufsteigt.

Natürlich ist dieser Sturz eures menschlichen Bewußtseins mit all seinen kühnen Abenteuern, seinem Prunk und seinen Epen, die sowohl überliefert als auch dankbar vergessen sind, geheilt, so wie alles im Laufe der Zeit heilt. Ist Intelligenz einmal eingepflanzt, wird sie, selbst wenn sie eine Epoche oder ein Zeitalter lang irregeleitet ist, doch immer ihrer Natur gemäß

Intelligenz bleiben, und sie kann niemals, niemals versagen zu lernen.

Jetzt fällt es eurem menschlichen Bewußtsein offensichtlich so leicht, die Wahrheit zu verstehen und weiterzuvermitteln, daß es euch wundern muß, warum sich diese Gedanken nicht schon in den Schulen des Sokrates, im Florenz der Renaissance oder in den tibetischen Klöstern verbreiten konnten. Einen flüchtigen Augenblick lang wundert ihr euch, daß der Streifen der Dämmerung blau und strahlend am Horizont erscheint.

Warum ist die Wahrheit nicht aufgeblüht, als Columba an der Küste von Iona weinte? Warum erhellte der Blitz, der zwischen Franz von Assisi und Papst Innozenz III. aufleuchtete, nur den Vatikan? Und warum auch den nur für eine Stunde? Warum entzündete er nicht ein Feuer, das die ganze Welt erhellte? Ihr wundert euch, warum Artus zum Schluß seinen runden Tisch nicht mehr halten konnte und warum sich die beste nordische Generation der Hypnose unterwarf, die sie genauso viel lehrte wie die Japaner.

Du warst damals in den Teegärten des Herrschers dabei, als es wirklich ein Sonnengott war, der den Geist und die Herzen der Menschen zu erfüllen suchte. Und bist das nicht du auf deinem Pferde gewesen, der in die Wüste ritt, weil ihn das Kriegertum Chinas abstieß? Machtest du nicht eine Pause, um jene Worte aufzuschreiben, die lange verehrt wurden und die doch nie ihr Zeil erreichten? Und als du unter dem Bodhibaum saßest und die Milch getrunken und den Joghurt gegessen hattest, warum ignoriertest du deinen Impuls, länger mit der Frau zu sprechen, die dir die Nahrung gebracht hatte?

Zu diesem Zeitpunkt, kurz bevor die Geschichte einschlafen wird, in diesem flüchtigen Moment, bevor ihr eure Aufmerksamkeit den Sternen zuwendet, mußt du dich einfach über diese entscheidenden Augenblicke wundern. Die Wahrheit verbreitet sich so offensichtlich und natürlich unter den Menschen des späten zwanzigsten Jahrhunderts. Warum hat sie sich nicht so leicht und natürlich verbreitet, als du in anderen Leben und in anderen Augenblicken eine Chance für sie sahst? Lange seid ihr in diesen Gefilden ein- und ausgegangen und habt Kerzen in die Dunkelheit gehalten, um die Kriegerstämme der Heilung entgegenzuführen. Jetzt ist es keine Kerze mehr, sondern die Morgendämmerung, die strahlend am östlichen Himmel aufflammt.

Heute findet ihr diese Gedanken in Hunderten von neuen Büchern, Liedern, Filmen, Veröffentlichungen und Zeitschriften. Wenn ihr seht, mit welcher Hingabe sie in jede menschliche Sprache übersetzt, in jede Form der Medien gekleidet und von allen Heilern und Führern jeden Volkes der Erde geteilt werden, dann wundert ihr euch über die verpaßten Augenblicke.

Doch dann seht ihr, daß kein Augenblick wirklich verpaßt wurde. Und daß, wenn du der Frau, die dir Milch und Joghurt gebracht hat, gefolgt wärest, ihr beide zusammen vereint und gesegnet mit ihrem Boote weit über den Ganges hinausgefahren wäret und zu denen, die in der Illusion befangen waren, kein Wort gesprochen hättet — was du am Ende getan hast. Quetzalcoatl, Jesus; du weißt, daß sie auf dich angewiesen sind. Die Wahrheit wurde nicht geringer, als sich der menschliche Blickwinkel verengte. Sie wurde größer. Tiefer.

Obwohl die Großen Weißen Wurzeln des Friedens sich nicht um Namen, Egos, Bezeichnungen oder Vorstellungen kümmern, die wie die Blätter von gestern unter dem pulsierenden Leben dieser jetzigen Jahreszeit ruhen, wird nichtsdestotrotz ein jeder geachtet, denn jede Wurzel des Friedens ist in ein großes konzentrisches Baum-Ring-Lichtnetz verwoben, das durch die erste große Mutter strömt und durch das Blut eines jeden fließt, der jemals gelebt hat, um dieses Welt besser zu machen.

Plötzlich siehst du, daß es einen Grund dafür gibt, warum es jetzt anders ist. Denn als du das *Tao Te Ching* gestaltetest, saßest du alleine im Sande, und dein Pferd fraß die spärlichen Grashalme, die am Rande der Wüste wuchsen. Es gab nur einen, der deine geschriebenen Worte aufnahm. Es gab keinen Telegraphen, der sie mit Blitzesgeschwindigkeit zur anderen Seite der Erde übermittelt hätte.

Und als du über den Achtfältigen Pfad sprachst, verstanden dich nur einige wenige, doch ihre Formulierung war nicht die deine, und es gab keine Aufzeichnung, die die Wahrheit klar festhalten konnte. Und als Franziskus sprach, gab es keine Video„fackel“, die die blitzartige Erleuchtung hinaustrug, um das Feuer in der weit verstreuten Christenheit anzuzünden, obwohl die Flamme an vielen Küsten gehegt wurde und viele Menschen für diese Flamme beteten.

Und als Jefferson während jener Wochen in New England vom Geiste erfüllt wurde und sprach, gab es, wie ihr wißt, Augenblicke, in denen der Geist Gottes aus den Augen vieler ehemaliger Engländer leuchtete. Doch dieses Ereignis wurde nicht vom Fernsehen aufgezeichnet und nicht über ein globales Telekommunikationsnetz für jene übertragen, die in den Parlamenten und den Häusern in jedem Kontinent zuschauen.

Es gibt viele Gründe dafür, warum sich das Bewußtsein gegenwärtig so schnell verbreitet: die ungeheure Explosion der Kontaktmöglichkeiten zwischen den Menschen durch Telephon, Radio, Fernsehen und Satellitenübertragungsstationen in der Erdumlaufbahn; die gewaltige Explosion der Information dank Tonbandgeräten, Videorekordern, Filmen und Computertechnologie.

Sobald die Weißen Büffelkalbfrauen, die Deganawidas und Hiawathas von heute gesprochen haben, fliegen die Worte durch die Himmel, fließen durch Kabel unter dem Ozean, gleiten von Turm zu Turm und bockspringen als Mikrowellen durch das Land. Sie pfeifen gleichzeitig in Telefondrähten durch Nebraska und die Ukraine. Sie segeln als elektronische Signale mit Lichtgeschwindigkeit vom Satelliten zur Erde und wieder von der Erde zum Satelliten und umkreisen den Planeten. Kaum sind die Worte gesprochen, lauschen die Ohren der Welt, warten und sind offen, um zu empfangen.

Doch das Anwachsen der Kontaktmöglichkeiten zwischen den Menschen durch die Kommunikationstechnologie während des gegenwärtigen globalen Erwachens ist weniger bedeutsam als die Vielzahl der Menschen, die das weitergeben, was Franziskus im mittelalterlichen Europa weitergab, was Lao Tse an der Grenze Chinas zu Papier brachte, was Hiawatha an den Ufern des Onondagasees mitteilte und Jesus in den Straßen Jerusalems lehrte.

In jenen frühen Zeiten hatten wir nur wenig Gesellschaft. Die Vorurteile des kollektiven menschlichen Bewußtseins, mit denen wir uns befassen mußten, waren so starr, daß oft unser gesamter Lichtkreis zusammenarbeitete, um nur eine, höchstens zwei oder drei Verkörperungen aufrechtzuerhalten, die die Wahrheit sprechen und Licht bringen konnten.

Erst jetzt im ausgehenden zwanzigsten Jahrhundert wird es uns möglich, uns voll und ganz zu verkörpern und unsere spirituellen Körper den physischen, ätherischen, mentalen und emotionalen Körpern nicht nur einer Frau oder eines Mannes anzugleichen, sondern vielen, manchmal sogar ganzen Gemeinschaften.

Wenn die neue Informationsgesellschaft in das spirituelle Erwachen hinübergleitet, werden wir uns mit unseren menschlichen Egos in einem Ausmaß vereinen, wie das in der gesamten Geschichte noch niemals dagewesen ist. Die Menschen wenden sich wieder dem Großen Geiste zu, der die Quelle aller Information ist. In manchen schnell, in anderen langsamer, entdecken unsere Egos ihre angemessene Vermittlerrolle in diesem neuen Bewußtsein. Und natürlich gibt es zuerst Verzerrungen. Doch in der Bewußtseinsexplosion wird alles bald gereinigt. Unser Geist verkörpert sich in immer größerer Anzahl. Die Verzerrung nimmt ab. Die Wahrheit breitet sich aus. Und wie wunderbar das ist!

Wie Krokusse, die die Ankunft des Frühlings ankündigen, greift das Channeling eine Zeitlang um sich. Und wie die Kroskusse den Narzissen weichen, so weicht die Channelingzeit einer tieferen, erfüllteren Verständigung. Die Geister Gottes versichern sich der Zusammenarbeit der Egos, mit denen sie sich auf der Erde verbinden wollen. Langsam und stetig treiben sie den Prozeß der Verbindung mit ihren Egos voran, sprechen nicht länger mehr als Botschafter von den Sternen zu ihnen, sondern erblühen in vollkommener Einheit und erwachen in ihnen als die Wesen, die sie selbst sind.

Und so geht es weiter. Narzissen folgen den Krokussen. Löwenzahn folgt den Narzissen. Hornstrauch, Äpfel, Birnen, Pflaumen. Alles blüht. Die Eiche schüttelt ihre sanften Blüten, und zuletzt kommt der Sommer in eine Welt, in der alle Lehren abfallen wie die ersten Blumen und die Frühlingsblüten vor der selbstbewußten Sinnlichkeit des Hochsommers. Luxuriös. Reich. Großartig.

Dankbarkeit besteht gegenüber den Lehren, die geholfen haben, die Herzen der Menschen in den dunklen Zeiten von der Gewalt abzuwenden. Doch man ißt nicht aus einem Garten, der in vergangenen Jahrhunderten wuchs. Von Augenblick zu Augenblick gebären die Großen Weißen Wurzeln des Friedens dieselbe Wahrheit frisch und wieder neu. Wie die Gemüse dieses Sommers. Wie die Früchte dieser Jahreszeit. Damit man sich an ihnen freut, sie würdigt und teilt, wenn sie reif sind; damit man sie umsorgt, um ihnen weiterhin das Blühen und Gedeihen zu ermöglichen. Wie die Ongwhehonwhe. Wie die Menschen, die wahr geblieben sind. Wie die Vogelstämme, deren Samen seit Tausenden von geduldigen Kreisläufen dieser Erde um ihren Stern schlafend in den Herzen der Menschen liegen.

Kapitel 12

Der große Tag der Reinigung

Höret, o Menschen dieser gegenwärtigen Welt, hört zu wie der Spatz, der in der Brise dem Rufe seiner Liebsten lauscht. Wir sprechen zu euch in euren Träumen, in Liedfetzen, die ihr im Vorübergehen hört, aus dem Munde der Kinder, aus diesen Seiten; doch mehr noch sprechen wir aus dem Zentrum eures innersten Seins. Hört uns und erinnert euch daran, wer ihr seid.

Wir kehren ins menschliche Bewußtsein zurück, bringen die Zeit einer neuen Schöpfung mit uns und die Information, welche die Menschen brauchen, um die veränderten Bedingungen des Zeitalters zu verstehen. Wir sind hier, um uns zu vermischen, um mit unseren menschlichen Egos zu verschmelzen, eurer Rasse zu helfen, das innerste Leitsystem eines gewaltigen neuen Wesens zu werden. Wir sind hier, um dem Großen Geist zu helfen, sich in den Menschen der vier Rassen zu verkörpern.

Wir sind gekommen, um das glücklichste Zeitalter einzuleiten, das diese Erde je gekannt hat: eine tausendjährige Periode, in der die Erde geheilt und die Harmonie erneuert wird, in der die Vierbeiner gedeihen und die Zweibeiner erwachen, die Flüsse reines Wasser führen und die Menschen bewußten Kontakt mit den Sternen pflegen.

Und nachdem dieses Jahrtausend im Wechsel der Jahreszeiten vergangen ist, wirst du — ein neues biologisches Wesen durchlichteten Stoffes — in den weiten, unerforschten Ozean der Milchstraße aufbrechen, um die Freiheit des Donnervogelfluges jedem Stern und jeder Welt zum Geschenk zu machen. In unendlich vielen neuen Liebesbeziehungen wirst du, wird deine Rasse bis ans Ende aller Zeiten in den Galaxien intelligentes, biologisches Leben aussäen.

Die Möglichkeiten dieses Universums sind grenzenlos. Die Offenbarungsformen seines Potentials sind unzählig. Doch es gibt keine Sternenkriege und keine fortgeschrittenen furchtsamen Zivilisationen, die über euch stehen. Denn wenn Zivilisationen durch Furcht charakterisiert sind, können sie sich nicht weiter entwickeln, als ihr euch entwickelt habt. Sie sterben aus, um ein wenig weiser auf dem Boden einer anderen Welt wiederzukehren, bis sie gelernt haben.

Unsere Aufgabe heute ist, euch dabei zu helfen, die Scheuklappen zu entfernen, die euch seit historischen Zeiten die Wahrnehmung verzerren. Begreift, daß es das Gefühl in euren Herzen ist, das bestimmt, was ihr seht. Die Wahrnehmung schwimmt auf den Ausdrucksformen des Herzens wie ein Kanu auf dem Wasser. Wenn eure Herzen Angst in irgendeiner ihrer turbulenten Formen zum Ausdruck bringen, verwirrt sich euer Verständnis und ihr seht durch die Wogen der Illusion. Doch wenn ihr liebt, dann versteht ihr, denn dann teilt ihr die Vision, ja die Wahrnehmung Gottes selbst.

Kehre wie der Lachs an den Ort deines Ursprungs zurück. Gebäre deine Augenblicke nur in Liebe. Du kannst dein Leben in Angst verwurzeln und die Zuverlässigkeit von Granit, die Stärke von Marmor kennenlernen oder darüber nachdenken, welche Sicherheit die langsamen Veränderungen des Kalksteins bieten. Oder aber du kannst dein Leben in Liebe verwurzeln und uns dabei helfen, die menschliche Welt durch die ehrfurchtgebietenden Veränderungen dieser Zeiten zu führen.

Der große Tag der Reinigung hat begonnen, ein kurzer, aber entscheidend wichtiger Zyklus der Teilung, der jene, die der Angst und der Gewalt den Vorzug geben, zusammenführt und sie von dieser Epoche wie Spreu von Weizen trennt.

Die Menschheit wird diese Erfahrung der Teilung in den nächsten zweieinhalb Jahrzehnten machen, und das bedeutet eine grundsätzlichere Transformation des menschlichen Bewußtseins als die Entwicklung der Sprache, ist bedeutungsvoller als der Wechsel zum Ackerbau und wichtiger als jede historische Revolution. Ein neues Zeitalter dämmert herauf.

Wenn die Sonne aufgeht, werden die Schatten klarer und schärfer umrissen. Wenn die Energien der Liebe stärker werden, werden die Schatten der Angst sichtbarer als zuvor. Einigen mag es sogar so erscheinen, als ob sie an Stärke und Zahl zugenommen hätten, doch das stimmt nicht. Was versteckt war, wird offenbar — um geheilt zu werden und Frieden zu finden.

Mit jedem vergehenden Tag werden Handlungen, die aus Angst entstehen, wirkungsloser. Institutionen, Traditionen und Gesellschaftsformen, die aus Angst geschmiedet sind, beginnen bereits zu wanken. Überall geschehen Veränderungen, denn wenn das planetarische Erwachen fortschreitet, verändert sich auch das Bewußtsein, das die Qualität und die Beschaffenheit des Lebens selbst bestimmt.

Inmitten all dieser Veränderungen wenden sich immer mehr Menschen um Führung und Weisung an Gott. Sie beginnen, am Ort ihres eigenen inneren Geistes zu verweilen, und erkennen, daß ihr Geist ein Ausdruck Gottes ist. Das ist der Ort, wo Gott um Vertrauen bittet — im menschlichen Herzen! Dort findet das Erwachen statt. Der Schöpfer will nicht in einem äußeren Bilde verehrt werden. Er will in jedem Menschen erkannt werden.

Dem *Potential* nach seid ihr alle göttliche Wesen, und es gibt keinen Grund, warum ihr nicht wirklich göttliche Wesen werden solltet. Vertraue dir, vertraue deiner natürlichen Antwort auf jede neue Situation. Die Handlung, die aus deinem Herzen heraus entsteht, wird nicht zerstörerisch sein. Sie wird den schöpferischen Weg vorschlagen, den du als Antwort auf deine Situation und deine Welt gehen kannst. Wenn du dir vertraust, vertraust du der Weisheit, die dich geschaffen hat. So vertraust du Gott. Und das ist keine abstrakte Angelegenheit.

Gottvertrauen bedeutet, dem Gott zu vertrauen, der in dir lebt; der Fähigkeit deines Geistes zu vertrauen, auf jede Situation schön, tadellos, individuell und schöpferisch zu antworten. Wenn du deiner angeborenen Fähigkeit mißtraust, den Atem des Geistes in deine Welt zu bringen und sie nach dem Bilde deiner göttlichen Gedanken zu erschaffen, dann bezweifelst du sowohl Gott als auch das Universum. Du stößt das kostbarste Geschenk des Lebens von dir — dein inneres Wissen —, und du maßt dir an, es durch Werte, Urteile und Meinungen zu ersetzen, die du aus zweiter Hand erworben hast.

Du mußt keine neue Fähigkeit ausbilden, du brauchst nichts anderes als das vollkommene, alles umfassende Vertrauen in Gott und in dich selbst, und damit hast du alles, was du brauchst, um auf jede Situation, die dir begegnen mag, bestmöglich, schöpferisch und produktiv zu reagieren. *Es gibt keine Ausnahme davon!*

Vielleicht entsprechen siebzig oder achtzig Prozent deiner gegenwärtigen typischen Verhaltensformen genau dem, was du in einem vollkommen erwachten Zustand tun würdest. Nimm dich selbst an und sei klar bei *allem,* was du tust. Wenn du das tust, dann beginnst du die Macht des Schöpfers selbst in deine Handlungen einzuführen.

Der Geist macht eine Bewegung in deinem Herzen und grüßt die Welt mit der Klarheit einer vollkommenen Handlung. Diese Bewegung ist die Intuition. Sie ist deine direkte Verbindung zur Quelle allen Lebens. Augenblicklich weißt du, was zu tun ist, und im selben Augenblick gehst du zur vollkommenen Ausführung der erforderlichen Handlung über. Vertraue deiner Intuition. Sie ist ein Pfeil, dessen Schaft gerade und biegsam geschnitten ist. Ohne abzuirren und genau fliegt er seinem Ziel entgegen. Kann der schwerfällige Trott des rationalen Verstandes mit dem schnellen, sicheren Flug eines Pfeiles verglichen werden? Die Vernunft ist dazu gemacht, deine Handlungen zu unterstützen, und nicht, sie zu leiten. Sie ist dazu gedacht, die Ziele deines Herzens auszuführen. Sie ist nicht dazu gemacht worden, sie zu bestimmen.

Vertraue Gott, indem du deine Intuition achtest und ihr

vertraust. Kein Gott würde ein Geschöpf erschaffen, das nicht weise genug wäre, seinen Weg zu finden! Vertraue dem Plan, der dich geschaffen hat. Deinem Bewußtsein erscheint es ganz natürlich, Gottes Handlungen auszuführen. Wenn du ihnen folgst, wirst du dich wieder mit den ehrfurchtgebietenden Kräften des Universums verbinden, denn dann werden all deine Handlungen in Harmonie mit der zugrundeliegenden Absicht der Lebenskraft selbst sein.

Der Prozeß der Verkörperung ist ein Prozeß der Entspannung. Er besteht darin, alle Gedanken loszulassen, die ihren Ursprung in Spannung und Festhalten haben. Es ist ein Entscheidungsprozeß, nicht gegen den Strom zu kämpfen, der aus der natürlichen Bewegung deines Herzens zu dir fließt. Das bedeutet nicht, daß du deine Augen vor der Welt verschließt und versuchst, nur „gute Gedanken" zu denken. Nein, du kannst dir den Hunger in Afrika anschauen und etwas dagegen tun. Du kannst dir das Bedürfnis nach mehr Verständigung unter den Völkern anschauen und etwas dafür tun. Du kannst Bedürfnisse in jedem Bereich erkennen und dich von der Liebe leiten lassen, um die Not dort zu lindern. Doch obwohl du auf problematische Bereiche stößt, werden deine Gedanken nie von Spannung, Sorgen oder Angst geprägt sein, wenn sie der Intuition entspringen. Sie sind durch die Liebe Gottes gekennzeichnet und fließen als eine kraftvolle Energie durch dein Verständnis. Glücklich, weil sie wissen, daß du da bist; dankbar, weil du weißt, daß du es anders machen *kannst.*

Lade die Vogelstämme in dein Bewußtsein ein. Bereite dem ewigen Geist ein Zuhause in deinem Herzen. Erkenne, welche Gedanken Spannung oder Sorgen erschaffen, und entscheide dich, sie loszulassen. In dem Ausmaß, wie du dich von Ängsten leiten läßt, in demselben Ausmaß wird das, was du tust, wirkungslos sein, denn du verwehrst dem Geist den Zugang zu deinem Herzen und deinem Bewußtsein und bist, im wahrsten Sinne des Wortes, nicht vollständig anwesend.

Der Prozeß, alle Gedanken loszulassen, die durch Spannungen aufrechterhalten werden, ist ein Vorgang, vergangene Gewohnheiten aufzugeben und zur Realität deines eigenen spirituellen Daseins zu erwachen. In diesem Prozeß verlierst du das Interesse daran, furchtsam auf der Erde zu wandeln, und triffst statt dessen die Entscheidung, deine Welt in Liebe durch die Tat deines offenen Herzens zu erschaffen.

Wenn du ein Problem bemerkst, dann umgib das Problem mit Liebe. Beschreibe es in Liebe. Du erkennst, daß es durch einen Mangel an Liebe, der hinter allen Problemen steckt, entstanden ist. Und in Liebe bringst du das Verständnis ein, welches die Lösung ermöglicht.

Auf der Reise durch die Inkarnationen verlierst du das Interesse an allem, was diese rasch vergehenden Illusionen auf der Erde aufrechterhält, und du interessierst dich brennend für alles, was dabei ist, diese zu ersetzen. Du beginnst, das Entstehen einer Heiligen Wirklichkeit wahrzunehmen.

Im Flüstern der Kiefern, im freundlichen Ruf der Morgentaube, im verschlafenen Gähnen eines Kindes dämmert die neue Welt. Sie scheint durch die Fassade der menschlichen Welt des späten zwanzigsten Jahrhunderts: eine Welt glänzender Möglichkeiten, eine Welt wunderschönen Lichtes, eine Welt, in der die Menschen weder in Gedanken noch in Worten oder Taten Gewalt gegeneinander anwenden. Es ist eine Welt des Verständnisses und der Zusammenarbeit, eine Welt des Überflusses, in der der menschliche Geist, befreit von den Fesseln der Selbstsucht, mit den Schwingen der Liebe fliegt und eine freudige Spur voller Wunder und nie geträumter Schönheit zurückläßt, wo immer er vorüberweht.

Du mußt kein Gelehrter sein, um die Richtung und die Dynamik der Geschichte zu bemerken. Selbst ein Kind kann erkennen, wenn es diese Zeiten beobachtet, daß grundsätzliche Veränderungen tief im kollektiven Herzen der Menschheit vor sich gehen. Auch an der Oberfläche verändert sich etwas. *Du bist hier, um dabei zu helfen, daß die Veränderung leicht geschieht.*

Du mußt dich nur dafür entscheiden, deine Motivation von der Angst auf die Liebe zu verlagern. Entscheide dich! Beginne zu erkennen, wo Angst in deinem Leben wirkt, und erkenne sie als das, was sie ist. Es gibt gewisse menschliche Ängste, die kleine hilfreiche Aufgaben haben mögen: Wenn du zum Beispiel vor einem fahrenden Auto die Straße überqueren wolltest, dann wärest du der Angst dankbar, die dich aus seinem Wege springen ließ. Doch die Rolle der Angst ist beschränkt. Verglichen mit der historischen Rolle, die die Angst als Wächterin deiner Macht gespielt hat, ist die wahre Rolle der Angst wirklich sehr gering.

Wenn du dich entschließt, dich zu entspannen, dann brichst du aus der Kontrolle der Angstkonditionierung aus. Du sprengst die Fesseln, die deine Rasse die ganze Geschichte hindurch versklavt haben. Indem du die Liebe zum Ausdruck bringst, lernst du durch ihre friedvolle Freude die Energien des Großen Geistes kennen.

Aus dem Herzen des Nagual dringen kraftvolle Energieströme, die wir Engel in das emotionale Feld lenken, welches die Erde umgibt. Diese Energien sind dazu bestimmt, zu erschaffen, doch wenn sie auf Disharmonie treffen, wie es in eurer gegenwärtigen menschlichen Welt der Fall ist, verwandeln sie sich in Energien der Heilung, der Vergebung und der Unterweisung. Wir können diesen Energien eine allgemeine Richtung geben, doch entfalten sie ihre ganze Kraft erst dann, wenn sie bewußt von Menschen gelenkt werden, die auf der Erde verkörpert und erwacht sind. Nur dann können sie in die Bereiche eindringen, für die sie bestimmt sind, wo sie ihre ganze Fülle entfalten und während dieses restlichen Zyklus' die Heilung deiner Rasse bewirken.

Du wirst gebeten, dein Herz zu öffnen und diese ungeheuren, schöpferischen Energien willkommen zu heißen. Du wirst gebeten, zu helfen, die Mächte der ewigen Liebe zu lenken.

Es gibt zwei Bedingungen: Erstens muß dein Herz offen und voller Liebe und wenigstens bis zu einem gewissen Grade ein Kanal für die Liebe Gottes sein. Die zweite Bedingung ist, daß du vollkommen im Hier und Jetzt lebst. Wenn du deine Identität aus deinen vergangenen Erfahrungen beziehst, dann bist *du* nicht wirklich gegenwärtig. Dann schaut aus deinen Augen ein erdachtes Geschöpf, ein Bild, eine Illusion.

Das größte Hindernis, das einen Menschen davon abhält, völlig in der Gegenwart zu leben, ist, zu viel über sich nachzudenken; denn wenn du ständig über dich selbst nachdenkst, bist du zu sehr in Vergangenheit und Zukunft gefangen, um die Gegenwart, die dich umgibt, zu erkennen. Du bezweifelst deine eigene Kraft. Du schwingst nicht schnell genug, um ein Kanal für die ungeheuren Schöpfungsenergien zu sein, weil deine Aufmerksamkeit zerstreut ist und du dich dem Augenblick verschließt, in dem dich die Liebe beflügeln würde: dem Augenblick, in dem du gerade lebst.

Es ist nichts falsch an der menschlichen Individualität. Sie ist für Gott genauso notwendig wie die Blätter für die Bäume. Doch, historisch gesehen, hast du einen Gott aus den Blättern gemacht und den Baum an der Quelle deines Lebens vergessen. Wenn du wirklich ein Kanal für Gottes Segen sein willst, dann empfinde dich weniger als ein isoliertes Wesen und mehr als Mitglied einer Familie. Du bist die *gesamte* menschliche Gesellschaft. *Du bist die Welt* und alles, was auf ihr lebt. Wenn du dich so sehr entspannen kannst, daß du *die anderen als dich selbst* siehst, als das Augenpaar, in das du blickst, wenn du dich um die anderen genauso kümmerst, wie du dich einst um dich selbst gekümmert hast, dann können die Energien des Heilens und der Transformation frei durch dich fließen. Deine Augen, deine Ohren, alle deine Sinne sind mit dem Reichtum der Welt, die dich umgibt, verbunden. All deine Sinne erkennen, korrigieren und entscheiden schnell genug, um mit den Energien Schritt zu halten, die vom Großen Geist in dein Herz fließen, der gekommen ist, um die Bedürfnisse der Welt durch dich zu erfüllen.

Liebe schwingt schnell. Angst hat eine langsamere Schwingungsrate. Jene, die ein Kanal für die Angstenergien sind, fühlen, daß die Angstschwingungen mit der Zeit schwer und niederdrückend wirken. Am Ende führen sie zu Schlaf, Gedrücktheit, Entmutigung und Verzweiflung. Die Schwingungen der Liebe dagegen bringen Begeisterung, Energie, Interesse und Wahrnehmung. Und das braucht eure Welt zu dieser Zeit: deine Liebe *und deine Wahrnehmung.* Das wird eure Welt heilen: eine klare, unverzerrte Wahrnehmung, die durch ein Ich fließt, das nicht Spiegel seines Ego ist, sondern das Wissen widerspiegelt, daß Gott in ihm wohnt.

Das Selbst, das reflektiert werden soll, ist das Selbst, das du wirklich bist — der Schöpfer, der ewig Eine, der Geist Gottes. Du sagst etwas über jene Aspekte des Großen Geistes aus, die sich vor dir als Männer, Frauen, Kinder, Pflanzen, Tiere, Kristalle, als die Geschöpfe der Welt manifestieren, die deiner Fürsorge anvertraut sind. Du bist zuerst und vor allem Verwalter der Welt, die dich unmittelbar umgibt. Deine Sorge für die Welt ist keine nebulöse Angelegenheit, sondern eine *unmittelbare,* denn du bist ein individueller Vertreter Gottes. Du übernimmst es, Verantwortung, Liebe und Verständnis in jedes Umfeld zu bringen, in dem du dich bewegst.

So wie die Vögel die Morgensonne mit ihrem Liede begrüßen, so lädst du den Großen Geist in deine Welt ein, wenn du liebst. Du wirst zu einer bewußten Zelle in der erwachenden Welt. Die physischen Atome deines Körpers singen und schwingen zusammen in vollkommener Harmonie. Deine Integrität und deine Einheit, deine Fähigkeit, Zweck und Ausdruck zu integrieren, bringt alles, was dich ausmacht, und alles, was du wahrnimmst, in Resonanz. Du wirst zu einem natürlichen Kanal für die unendlich mächtigen Schöpfungsenergien. Sie fließen durch dich der heilenden und verwandelnden Arbeit dieser Jahrzehnte zu.

Du pulsierst mit den Atomen deines Körpers, pulsierst in vollkommenem Rhythmus mit der Welt, die dich umgibt, und weißt, daß du ein räumlich fixierter Ausdruck deines eigenen universalen Seins bist. Du kennst dein *Erstes Selbst* als den Großen Geist, der in den menschlichen Populationen der Erde erwacht. Und als ein Sohn oder eine Tochter der natürlichen

Welt kennst du dein *Zweites Selbst* als ein individuelles menschliches Wesen innerhalb dieser Population.

Als einer, der die Energie der Vogelstämme erweckt hat, sehen deine Augen die Welt, die dich umgibt, als die göttliche innere Welt. *Und du weißt, daß du innen bist.* Du, der Schöpfer und die Welt sind eins. Du bist erwacht. Deine Biosphäre ist aktiv und lebendig. So wie Bienen in ständiger Verbindung mit dem Geiste ihres Schwarmes sind, weißt du im selben Augenblick um alles, was das Feld des kollektiven menschlichen Bewußtseins durchdringt. Durch das kollektive Feld deines größeren Bewußtseins von der Erde bist du fähig, augenblicklich über das Wissen zu verfügen, was du in diesem Moment brauchst. Du benutzt deinen individuellen freien Willen, um Gottes Willen auszuführen — und du weißt, daß Gottes Wille dein eigener Wille ist. Deine Identität reitet auf dem Kamm der Welle der Einheit am Treffpunkt des Schöpfers mit seiner Schöpfung.

Du bist frei, eingetaucht in die universalen Ströme der Liebe. Das Bewußtsein des Großen Geistes selbst fließt in dein Herz und nimmt alles durch dich wahr. Das ist das Geschenk für die Unschuldigen: *durch die Augen Gottes zu sehen.*

Teil 2

Der Schlangengeist
entwirrt sich
aus den Ästen der Verwirrung,
entrollt sein Wissen, um den Morgen zu grüßen,
und sieht
im heller werdenden Lichte

große, farbige, gefiederte Flügel,
deren Wachstum er verschlief.

Und in einem einzigen Ausbruch der Freude
versteht er vollkommen.

Über die alten Versprechen fliegt er,
weit über die Wälder hinaus
zum Meere,
zum offenen Meer.

Wie Ringe um den Morgenstern
dringt Licht gleich Gängen durch die Luft.

Quetzalcoatl

Kapitel 1

Die Energie hinter dem Wind

Hinter der sanften Brise, die in den Baumwipfeln flüstert, pulsiert feine, zarte Energie aus der geistigen Welt in eure Welt. Sie stammt von einer Energieebene, die unsichtbar für eure Sinne und dennoch genauso fühlbar ist wie alles, was ihr berührt und hört. Ihr entdeckt diese Energien, schmeckt sie, fühlt sie. Sie kommen mit der frühen Morgenluft über den Bäumen, gleiten rasch über euch hinweg und richten die feinen Härchen eurer Haut auf. Sie fließen in die Wiesen und dann weiter. Ihr könnt sie nicht sehen, doch ihr fühlt sie und wißt, daß sie zugegen sind.

Wenn ihr diesem feinen Flüstern jenseits des Windes lauscht, erkennt ihr, daß auch die Vögel darauf achten, mit ihm spielen, Neuigkeiten von ihm erfahren und sich so ein Bild davon machen, was der Tag bringen wird. Ihr bemerkt, daß kleine Botschaften durch den Wald hin und her eilen. Jeder Baum, jeder Farn, jeder moosbedeckte Stein ist aufmerksam, empfindsam und lauscht.

Die Natur ist an ein multidimensionales Kommunikationsnetz angeschlossen, in dem immerfort Botschaften ausgetauscht werden. Wenn du ihm zuhörst, dann erzählt dir der Wind Geschichten. Du erlaubst seinen Strömungen, deine Gedanken sanft zu bewegen, so wie der Adler, der niedrig über den Baumwipfeln schwebt, seine Flügel von ihnen bewegen läßt. Du fühlst, wie der Adler auf der Spitze des höchsten Baumes auf eine bestimmte Strömung wartet, sich von ihr tragen läßt, wenn sie kommt, und über sie hinweggleitet, wenn sie zusammenbricht.

Wie eine Welle, die warme Luft über das Tal strömen läßt.

Wenn diese subtilen Unterhaltungen der Natur in Worte gefaßt werden sollten, welche Botschaft würden sie überbringen, diese Entwürfe und Muster, die still aus einer jenseitigen Welt in eure Welt fließen? Du schaust und lauschst, verbindest dich mit dem, was dir begegnet. Irgendwo enthalten diese Strömungen eine Bedeutung für dich.

Du erkennst, daß diese Energien, die feiner sind als die Brisen, in Wirklichkeit der Grund dafür sind, warum der Wind so weht, wie er es tut. Die Strömungen bewegter Luft antworten diesen feineren Energien und drücken einen Teil ihres Informationsflusses aus. Du fängst an, auf eine neue Weise zu sehen: Der Wald ist ein System lebendiger Information, die entlang eines unsichtbaren, für dich jedoch immer deutlicher wahrnehmbaren Netzes von Energie hin und her strömt. Du fühlst es, beschreibst es mit etwas Tieferem und Klarsichtigerem als dem physischen Auge: feine Gespinste pulsierender Strömung, die sich kreuz und quer zwischen den Bäumen spannen, ein Netz bilden, sich vereinen und langsam in der wirbelnden Gegenwart eines immensen ewigen Wesens kreisen. Und entlang dieser Gespinste fließen Informationen. Gleiten. Von einer Welt in die andere.

Wenn du dich entspannst, verschmilzt du mit diesem pulsierenden Netze. Du fühlst dich nicht länger mehr vom Gitter seiner wirbelnden schöpferischen Energie getrennt. Du fühlst es in dir, um dich herum. Wenn du mit dem Urgrunde des Seins verschmilzt, führen dich die feinen Stimmen des Windes in einen Bewußtseinszustand, in dem du die *Absicht* erkennst, die das Leben auf dieser Erde hervorgerufen hat. Du läßt alle Spannungen los, die diese große Liebe zurückhalten und bestimmen wollen. Du läßt alle Bilder los, die du dir von dir selbst gemacht hast, deine Ideen, deine Überzeugungen. Du entläßt alle Vorstellungen, die du dir über das Menschsein gemacht hast. Wenn die Definitionen, die dir deine Kultur auferlegt hat, weggefallen sind, erfährst du eine natürliche Ausweitung deines

Bewußtseins. Du erkennst dich als einen Teil der Welt, die dich umgibt. Dies ist sowohl eine physische wie auch eine spirituelle Erfahrung. Du zwingst die schöpferische Energie des Lebens nicht mehr länger in willkürliche Interpretationsstrukturen. Du läßt die Energie fließen, wie sie will. Du wirst dir der lebendigen Gegenwart Gottes bewußt.

Wenn du mit den feinen Energien hinter jedem Windhauch verschmilzt, beginnst du zu sehen, daß auch die Sonne außer Wärme und Licht Informationen gibt. Wärme: Information über das Leben. Licht: intelligente Planung.

Wenn du mit dem Urgrunde allen Seins verschmilzt und deinem Selbstgefühl erlaubst, eine neue erweiternde Erfahrung zu machen, triffst du auf die solare Intelligenz hinter den feinen Brisen. Du hörst eine vertraute Stimme, ähnlich der Stimme, die in deinen Träumen flüstert. Sie erzählt dir Dinge, Dinge, die dir zuerst als ganz bekannte Beobachtungen erscheinen, Dinge, die du natürlich schon immer gewußt hast. Und dennoch. Wenn du in tiefster Entspannung den Sonnenwinden gestattest, durch die Worte zu wehen, die du in deinem menschlichen Geiste gespeichert hast, erkennst du, daß diese Einsichten, die dir ganz natürlich sind, von der Welt, in der du lebst, nicht anerkannt werden — obwohl Kinder und Dichter sie zuweilen trotzdem haben.

Du lauschst, um die Worte aufzufangen, die dir dabei helfen, deine Wahrnehmung zu übersetzen.

Aus der feinen Welt des Geistes sickern Informationen zu dir durch. Dein Körper weiß es, deine Sinne nehmen sie auf. Ihre Wichtigkeit dringt tief in den Teil deines Herzens, in dem du bestimmst, wie du deine Zeit am schöpferischsten gebrauchst.

Jede Morgendämmerung bringt Hinweise auf Tätigkeiten, die für den folgenden Tag angemessen sind. Wenn du den Adler vor der Scheibe der aufgehenden Sonne fliegen sahst und hörtest, wie er seinen Ruf ausstieß, dann war das kein Zufall und auch nicht bedeutungslos. Für die anderen Vögel und Tiere, die zuschauten, um ihre Eindrücke für den neuen Tag zu sammeln, war der Flug des Adlers ein Schlüssel, eine tiefe, bedeutungsvolle Botschaft.

Der Zeitpunkt, den er für seinen Flug wählte, die Richtung, die er nahm, der Ort, an dem er für die zuschauenden Vögel und Tiere sichtbar wurde — das alles waren Teile seiner Darlegung, einzelne Sätze aus dem Abschnitt seines Ausdrucks. Doch gleichzeitig gab es noch weitere, genauso gültige Neuigkeiten, die für die verschiedenen Geschöpfe mehr oder weniger wichtig waren. Wie die Krähen auf den Flug des Adlers reagierten. Wie lange die Eule und der Whippoorwill warteten, bis sie ihren Gesang wieder aufnahmen.

Die Vögel und die anderen Tiere achten darauf. Wie wird der Tag werden? Wird es ein Tag sein, um an den Hängen nach Nahrung zu suchen? Oder wäre es besser, zu den Wiesen zu gehen? Könnte es ein Morgen sein, um in die Baumwipfel zu fliegen und eine Stunde länger zu singen? Oder ist es ein Morgen, an dem du dich besser beeilst, weil es sich bewölken und regnen könnte, bevor der Tag vorüber ist?

Der Große Geist sagt allen Geschöpfen in jedem Augenblicke alles, was sie wissen müssen. Durch zehn Milliarden Boten — Engel, Elementarwesen, Tiere, Pflanzen und Mineralien — über das weitgespannte, feine Netz des lebendigen Planes, der hinter dem Wetter wirkt und vor dem Winde, immer wird die Wahrheit in diese Welt der Form übermittelt.

Jeder einzelne muß jeden Augenblick des Tages selbst fühlen, wie er diese Wahrheit für sich übersetzen und auf sich beziehen kann. Und das ist genauso wahr für Menschen wie für jedes andere Lebewesen. Dieser Prozeß ist nicht kompliziert, denn das Fühlen und Übersetzen geschieht nicht mit dem Verstande. Er verläuft unabhängig von der Gedankenebene, wenn das Urteilen aufhört und der Wahrnehmung erlaubt wird, einfach zu sein; ein natürlicher Prozeß, der mühelos geschieht, wenn dein Geist seine kulturbedingten Interpretationen aufgibt und *dir* vertraut, die natürliche Klarheit zu erfahren, die immer dann gegenwärtig ist — *wenn du gegenwärtig bist.*

In der bisherigen Geschichte wurde dieser natürliche Zustand dadurch außer Kraft gesetzt, daß die Menschen darauf bestanden, Entscheidungen ausschließlich mit dem Intellekt zu treffen.

Der Intellekt ist eine gute Sache. Der Verstand ist ein wertvolles Werkzeug. Doch der Intellekt wurde geschaffen, um zu dienen und nicht, um den menschlichen Geist in den Schatten zu stellen. In Übereinstimmung mit den schöpferischen Energien, die unterhalb der Oberfläche des Lebens pulsieren, hat der Geist Möglichkeiten, das Verhalten zu lenken, die schneller und wirkungsvoller sind als alles, was ein Ego durch seine lineare Verstandestätigkeit im Zeitlupentempo errechnen kann.

Nimm die Welt zuerst unterhalb deiner Verstandesebene wahr oder oberhalb der Ebene deiner persönlichen Identität. Sieh den Reichtum der ehrfurchtgebietenden Welt, die dich umgibt. Spüre ihre Eindrücke. Entdecke, wie sie sich gleich einem Kaleidoskop verändern, ihre Farben, Schattierungen, Formen und Schwingungen wechseln und umstellen, wenn sie langsam von einem Augenblicke zum nächsten purzeln. Jeden Augenblick bist du von allen Informationen umgeben, die du brauchst. Jederzeit umhüllt dich *die Wahrheit dessen, was ist,* die Energie hinter dem Wind. Sie gibt Zeichen. Sie gibt *dir* Zeichen.

Auf den feinen Seinsebenen, die dem Winde vorausgehen, betreten die Geister, die Form annehmen wollen, zum erstenmal diese materielle Ebene. Die meisten kommen mit dem Solarwind und leben nur einen oder zwei Augenblicke, eine Stunde oder einen Tag. In der oberen Atmosphäre kleiden sie sich in Egos aus Eiskristallen, die schmelzen, bevor sie den Boden berühren. Doch einige lernen, länger zu leben. Einige finden einen Weg, sich in Federn oder Fell zu verkörpern.

Was kommt vor der Morgenbrise? Die sanften Absichten des Solarwindes. Was kommt noch vor dem Atem der Sonne, der doch vor dem Winde weht? Die Energien des Seins. Auf einem Planeten. Sie wenden sich. Um den geliebten Stern anzuschauen.

Erde und Sonne. Auf den Linien der Aufmerksamkeit, die sie

einander zuwenden, bauen sie eine geistige Brücke. Liebende, die einander in die Augen schauen.

Entlang der Linien ihrer Blicke erwachen Möglichkeiten. Einige dieser Möglichkeiten verkörpern sich, die meisten verkörpern sich nicht. Einige schaffen es, eine physische Form anzuziehen, anderen gelingt noch nicht einmal jenes erste feine Kristall. Ein unsichtbares Energiefeld um die kreisende Erde, *ein Schwingungsgitter, gewoben aus der Essenz der Form,* legt fest, welche Muster sich am leichtesten materialisieren. Ein Gitter zukünftiger, geplanter Schöpfung spannt sich um die Welt — ein Bild dessen, was sein wird. Eine Ordnung, die sich auswirkt und entsteht.

Du fühlst, wie du dich tief entspannst. Du nimmst unsere Anwesenheit wahr. Du fühlst, wie wir dich umgeben, mit dir zusammenarbeiten und dir in der Welt helfen, für die du dich entschieden hast.

Ideen entstehen entlang der Gravitationslinien zwischen der Erde und dem Stern. Wir haben einige dieser Ideen vor uns, so wie jemand innerlich ein Bild vor sich haben mag. Wir visualisieren, was wir gerne verkörpert sehen würden. Am Ende wird die Schöpfung unsere Entwürfe widerspiegeln, denn aus den Energiemusterbildern, die wir im Bewußtsein aussetzen, bilden sich Lebewesen.

Die Lebewesen, die sich als biologische Form, in Federn, Blätter oder in Fleisch verkörpert haben, bildeten sich entlang der Linien dieses Energiegitters, das sich dort über der Erde befindet, wo sich ihre Atmosphäre mit dem Lichte dieses nächstgelegenen Sternes vermischt. Dieses Energiegitter spiegelt unsere vollkommene Vorstellung von einem Kind, einem Kinde, das Bestandteil der Ordnung des Universums ist. Das Kind, in dem der Geist des Ewig Einen zu erwachen beginnt, das Wesen Gottes, das die Biosphäre der Erde zu einem einzigen lebendigen Körper zusammenziehen wird.

Alles in der Natur pulsiert in dem Gefühl dieses Wesens, jede sanfte Welle im Ozean, jeder Hügel, jeder Berg. Jedes Teilchen der Materie enthält die gesamte Information der ganzen Schöpfung. Es strahlt aus allem, was ist. Wenn du dein Individualitätsgefühl aufgibst, wirst du zu diesem Wesen — bist vollkommen zufrieden; erlebst, wonach sich dein Herz gesehnt hat. Indem du deine Vorstellungen vom Winde forttragen läßt, fühlst du, weißt du. Du akzeptierst, daß du nach dem Bilde Gottes und ihm gleich geschaffen wurdest. Du akzeptierst das vollkommene Bild des Engels, der du bist. Und indem du das für dich annimmst, erfährst du die Erfüllung, die deine Mission und dein Zweck in der Welt der Zeit ist.

Es gibt ein vollkommenes Bild, ein geistiges Energiefeld für dich, das deine Biologie in die schwingenden Muster der vollkommenen Absicht des Seins beruft. Du mußt dich nur entspannen und alles loslassen, was du früher über dich gedacht hast, um dieses vollkommene Bild zu erfühlen, die Absicht deines Geistes zu spüren und Gott zu erlauben, dich zu beschreiben.

Warum willst du dich im Bilde der Unvollkommenheit erschaffen, wenn dir der Große Geist, die Quelle allen Lebens, ein Bild unaussprechlicher Schönheit vorhält? Kannst du es jetzt fühlen, wie es in die Atmosphäre deines Bewußtseins dringt? Es zeigt dich als eine Projektion von allem, was ist, als einen Verwalter, einen Hausmeister, einen Ongwhehonwhe, der besondere Liebesgaben für die Erde und all ihre Lebewesen mit sich bringt, für die Fische im Meer, die Vierbeiner, die Geflügelten, für alles, was du wahrnimmst. Diese Welt lebt in dir. Ihre Geschöpfe sind die Organe deines Körpers. Sie sind ein Teil deiner selbst. *Sie sind du.*

Du bist das Bewußtseinsorgan dieser Welt, das erwacht. Du bist die Liebe der Ewigkeit zur Zeit — verkörpert in menschlicher Form.

Dein Sein und das Sein Gottes sind eins.

Wenn du die Welt, die dich umgibt, betrachtest und die täglichen Informationen aus den feinen Energien empfängst, die dem Winde vorausgehen, dann wirst du auch die Zeichen der Zeit erkennen. Mit jeder Fiber deines Seins nimmst du die Veränderung des Klimas wahr. Du fühlst die Geister der Sterne zurückkehren und weißt genau, daß die alte Welt vergeht.

Du siehst Kinder aus der Erde hervortanzen, die die wirkliche Welt klar erkennen. Ihre Körper erneuern sich selbst. Ihr Geist ist Licht. Sie entstammen dem neuen Bewußtsein — unsere Flammen auf den schimmernden Seen des Verstehens. Bewußtsein. Es kommt von den Sternen. Es erscheint in euren eigenen Herzen und beginnt, eine Gegenwart zu verwirklichen, die auf dieser Welt, Etenoha, längst überfällig ist.

Und das neue Bewußtsein spricht vom Kreise, vom Rund, vom heiligen Ring, von Geben und Empfangen, von Zeiten der Ernte, wenn die Früchte von allem, was jemals gewesen ist, eingebracht werden. Eine neue Ernte, eine neue Rasse, liebevolle Menschen, die erforschen und entwickeln, die sich an jedem Sonnenstrahl erfreuen, an jedem Schatten, jedem Hügel, jedem Felde, jedem Flußtal.

Im Laufe der Zeitalter werdet ihr noch viele Welten mit den Temperaturen dieses Planeten, dieses dritten Planeten eurer Sonne, besuchen. Nur in diesem Temperaturbereich herrscht die vollkommene Ausgewogenheit zwischen Energie und Materie, Geist und Struktur, Schöpfer und Schöpfung, Zeit und Ewigkeit. In diesem Temperaturbereich wird das schöne Kind, das Fliegende Geflügelte, erschaffen und aufgezogen.

Von dieser Temperaturzone aus werden die Kinder des Lichtes aufbrechen, um die Sternenfelder zu kultivieren und überall dort diese Temperaturen einzuführen, wo es Welten gibt, die darauf brennen, das Potential kennenzulernen, das unter ihren Bergen liegt oder in ihrem Sande schläft.

Ihr seid der Anfang. Der Anfang davon, wie die Ewigkeit ihr Potential in der Zeit offenbart. Der gegenwärtige Augenblick in eurer Geschichte ist tatsächlich der lange vorausgesagte geeignetste Augenblick. Viele Menschen öffnen sich jetzt der Verschmelzung mit den Engeln, was eure Rasse aus der Unwissenheit in die Wirklichkeit führt.

Die Menschheit steht bereits an der Schwelle eines grundlegenden Übergangs der Rasse. Wir und der Große Eine, dem wir dienen, wünschen, daß diese Veränderung sanft geschieht. Wie das Öffnen einer Blume. Oder der Hauch eines Engelflügels jenseits des Windes.

Kapitel 2

Schatten im biologischen Spiegel

Wir sind daran interessiert, ein materielles Universum mit Geschöpfen zu bevölkern, die die Ausgewogenheit zwischen den stellaren und planetarischen Polaritäten zum Ausdruck bringen. Wir sind an Geschöpfen interessiert, die sich in Substanz kleiden — Fleisch! Knochen! Flügel! Fell! Schupppen! Ohren! Augen! Wir wollen Formen aus Erde und Sternenlicht bewohnen. Wir sind an Menschen interessiert: Künstlern, Schöpfern, Liebenden, die die Elemente ins Leben singen.

Und so erschaffen wir Bilder von dem, was wir in die Welt der Form gekleidet sehen wollen. Schöpferische Bilder. Wesenheiten. Ausgesandt, um vollständig in der siebenfältig schwingenden Spektralmaterie Dimension anzunehmen und einen eigenen Weg zu wählen, sich in die lebendige Biologie einer liebevollen materiellen Welt zu kleiden.

Wir sind sowohl die Quelle als auch die Wirklichkeit dieser Bilder. Wir sind die personifizierten besonderen Absichten Gottes mit der Erde: hochkonzentrierte Engel der Schöpfung. Wir sind die Baumeister und Mechaniker des Vogelstammes. Wir fliegen dicht über der Oberfläche der Erde. Wir schweben über ihren Bergen und Flußtälern. Wir erreichen eine geographische Zone, in der wir eine Aufklärungsmission zu erfüllen haben, einen Entdeckungsauftrag, um Untersuchungen durchzuführen und Licht und Klang zu spüren. Wir fliegen nahe, um eine bessere Vorstellung davon zu bekommen, wie wir uns in Wasser, Luft, Erde und Feuer kleiden können.

Doch sobald unser Geist dicht über ihrer Oberfläche schwebt, finden wir eine Erde vor, die vor biologischen Vorschlägen nur so strotzt. Bevor wir auch nur einen Bruchteil der Daten sammeln können, die wir brauchen — Präriestaub zum Beispiel, emporgetragen durch einen Wirbelwind, eilen die Erdelemente zu uns, tanzen in Myriaden lebendiger Bilder und sagen: „Hier, das ist es. Das wollt ihr. Das seid ihr. Hier sind die lebendigen dreidimensionalen biologischen Bilder eurer Gedanken und Träume. Füchse, Fische, Känguruhs, Elefanten, Affen, Dinosaurier, Wälder, Dschungel, Tiger, Löwen. Schaut — Gestaltwerdungen der Gedankenmuster, die ihr in euren Lichtfeldern ausgesetzt habt."

Während wir noch beobachten, läßt die Erde jedes Bild und jede Idee Gestalt annehmen, die wir je in unserem Bewußtsein gehabt haben. Einige unsere Ideen waren gut durchdacht, doch Baumeister bedenken viele Möglichkeiten, bevor sie Materialien für einen Entwurf einsetzen. Wir waren daran gewöhnt, daß unsere Überlegungen auf höheren mentalen und spirituellen Ebenen Gesalt annahmen. Wenn wir uns unsere Entwürfe auf diesen Ebenen angeschaut hatten und sie nicht weiter zu erhalten wünschten, richteten wir unsere Aufmerksamkeit einfach auf etwas anderes und sie verschwanden — als wenn sie nie gewesen wären. Auf der Erde ist das anders. Das Geschöpf lebt weiter, ganz gleich, ob es ein Säbelzahntiger, ein Schmetterling oder eine Blume ist. Das ist der Wert und zugleich die Herausforderung der Erde.

„Bitte", sagen wir zu unseren Helfern, den Elementarwesen, „nicht so schnell. Wir haben noch gar nicht damit angefangen, zu erschaffen. Nicht bewußt. Seid ihr schon so aufgeregt? Wir sind nur hier, um Informationen zu sammeln."

„Laßt uns helfen", antworten Wasser, Luft, Erde und Feuer. „Was wünscht ihr? Sagt es uns. In Federn, Fell, Schuppen und Fleisch geben wir euch die Informationen, die ihr braucht. Wir können nichts gegen diese Aufregung tun. Unsere gesamte Welt fühlt sich so in der Gegenwart eurer schöpferischen Energien. Wie sonst wollt ihr Informationen sammeln? Wir wollen euch dabei helfen, euch in Materie zu kleiden. Zeigt euch uns. Wir wollen euch in all euren Aspekten sehen. Wir haben auf euch gewartet und uns nach euch gesehnt. Wir wollen alles tun, um euch zu helfen. Wir lieben euch."

„Wir wissen, daß ihr es gut meint", antworten wir, „doch wir brauchen mehr Zeit. Wir würden diese Sache lieber allmählich angehen."

Und so begann unsere frühe Verständigung mit den Elementarwesenheiten der Erde. Einige unserer Botschaften kommen an. Andere nicht. Die Kräfte der Erde sind hochintelligent; sie verstehen die Beschaffenheit der Materie und die ewige Wahrheit, die darinnen liegt, viel umfassender als wir, doch die Art ihrer Intelligenz ist in vieler Hinsicht der unsrigen genau entgegengesetzt.

Intelligenz ist abhängig vom Umfeld, in welchem sie angewandt wird. Sie ist das Maß für die Fähigkeit einer Einheit, schöpferisch mit ihrer Umgebung umzugehen. Es gibt keine rein objektive Intelligenz. Intelligentes Verhalten in den kühleren Ebenen der materiellen Strukturen würde sich auf der Oberfläche eines Sternes fatal auswirken; und anders herum würde das intelligente Verhalten auf einer Sonne in der materiellen Welt verheerende Folgen haben.

Im materiellen Königreich hatten die Elementarwesen der Erde denselben hohen Intelligenzgrad erreicht wie in unserem stellaren Königreich. In diesem Sinne repräsentierten wir nur die Spitzen der zwei grundlegenden Intelligenzformen, die bis jetzt — bis zu unserem Zusammentreffen — eine *verkörperte* Ausdrucksform im Universum erlangt haben.

In Wirklichkeit versuchten wir auf der Erde eine völlig neue Art interagierender Intelligenz zu schaffen, eine Art Intelligenz, die, wenn nötig, sowohl der stellaren wie auch der materiellen Intelligenz Ausdruck verleihen konnte, die jedoch in erster Linie die Synthese von beiden schaffen wollte. Letztendlich würde nur die neue Intelligenz selbst entscheiden können, wie diese Synthese beschaffen sein sollte. Dies war das Unbekannte, die variable Komponente. Sie blieb wie ein graues Fragezeichen in der Mitte jeder unserer Gleichungen stehen.

Durch die Arbeit mit unseren Elementarpartnern in der Erde bekamen wir eine Vorstellung davon, was die neue Intelligenz bevorzugen könnte, und wir näherten die Umstände dem an, von dem wir annahmen, daß es ihr gefallen würde; doch wir konnten nichts erzwingen. Die neue Intelligenz konnte nicht einfach hergestellt werden; sie konnte nur aus freien Stücken in einer gebärmuttergleichen Umgebung wachsen, in einer Welt, die ihrem Dasein jede Chance bot. Indem wir so eng mit unseren Elementarpartnern zusammenarbeiteten, wie unsere Unterschiede es erlaubten, überführten wir allmählich mehr und mehr aus der Biosphäre der Erde in eine zunehmende Zahl von Kandidaten für diesen neuen Typ von Intelligenz.

Von Zeit zu Zeit gab es entscheidende Wendepunkte innerhalb des schöpferischen Prozesses, Augenblicke unserer Beziehung zu den Elementarwesen, wo etwas von unseren Vorstellungen durchbrach und neue Ideen verstanden wurden. Der Stand unserer gegenseitigen Kreativität erreichte allmählich Präzision. Die Elemente der Erde verstanden immer besser, an welchen Lebewesen wir interessiert waren: an durchlichteten Geschöpfen, die sowohl über die solare als auch die materielle Intelligenz verfügten. Doch was bedeutete das praktisch? Welche Mineralien wurden dafür benötigt? Welche Knochenstruktur? Welche Größe und welches Gewicht? Welche Nahrung? Welcher Lebensraum? Welches Klima? Immer wenn der Durchbruch zu einer neuen Verständnisebene geschafft war, nahmen die Elementarwesen die energieführenden Winde unserer geistigen Absicht auf und ließen sie in immer genauere Verkörperungen gleiten.

Und so nahm der Prozeß gemeinsamer Schöpfung und wachsender Verständigung seinen Lauf. Er dauerte mehrere Millionen Jahre. Für die Geschöpfe auf der Erde schien es eine lange Zeit zu sein, doch für uns kamen und gingen die Geschöpfe wie aufeinanderfolgende Wellen vorüberziehender Bilder, die an ein sandiges Ufer schlagen.

Wenn wir ein neues Geschöpf von der Erde auf uns zueilen sehen, das sagt: „Ich habe gehört, daß ihr ein Geschöpf wie mich sucht. Bin ich es? Ich will alles dafür tun, daß ich es bin", dann verwerfen wir dieses Geschöpf nicht, selbst wenn es nicht genau das ist, was wir uns vorgestellt haben. Wir geben ihm Zeit zu wachsen, zu lernen, sich zu verändern und sich zu entwickeln — genauso wie eurer menschlichen Familie. Das ist das Rohmaterial, aus dem die ausgewogene Schöpfung gemacht wird. Von der Erde verlangt sie viel Initiative. Wir können diese ausgewogene Schöpfung nicht alleine hervorbringen. Wenn sich Engel auf der Erde inkarnieren wollen, muß die Erde genauso an dem Prozeß teilhaben wie wir. Nur durch unsere Vereinigung mit der Erde und mit den Kräften ihrer Initiative kann das dauerhafte Kind von Zeit und Ewigkeit entstehen. Nur durch das Verschmelzen unseres Sternenfeuers mit der Wahrheit der materiellen Struktur kann ein gesundes Kind von Geist und Materie geboren werden.

Als die erste Welle Menschen erschien, gab es einen Durchbruch in unserer Beziehung zu den Elementargeistern der Erde; bis jetzt noch immer der bedeutendste, ein Quantensprung nach vorn, was die Qualität und Ebene unseres Geist-Materie-Dialogs betrifft. Hier war das Verbindungsglied, eine Spezies, die genau am Schnittpunkt unserer gegenseitigen Wertvorstellungen erschien. Hier war endlich der vereinende Mittler, der das Potential für die bestmögliche Kommunikation und dadurch für viel mehr Verständnis zwischen uns und unseren Elementarpartnern der Erde besaß.

Hier war auch eine neue Art von Herausforderung.

Die Menschheit besaß ein eigenes Bewußtsein.

Diese ersten menschlichen Egos waren ziemlich schlecht gespiegelte Bilder unserer selbst, halb-unabhängige Schatten auf dem noch unklaren biologischen Spiegel, und sie hatten noch kein Bewußtsein von den Wesen, die diesen Schatten warfen. Für die Dauer ihrer Entwicklung hatten wir sie gehütet. Wir hatten sie gewiegt, genährt und durch eine lange Kette von Erfahrungen geleitet, damit schließlich der besagte Tag kommen konnte, an dem wir uns mit ihnen verbinden konnten, wodurch sie zu unseren bewußten Partnern in der zukünftigen Schöpfung würden.

Aus ihrem eigenen freien Willen heraus hatten diese Egos den universalen Maßstab erfüllt, welcher bewußte Wesenheiten ausmacht: daß sich nämlich ihre Motivation mehr auf die Liebe zu ihren Mitgeschöpfen gründet als auf die Sorge um sich selbst. Diese Entscheidung hatte uns das Zeichen gegeben, daß sie bereit waren.

Jetzt konnten wir ihnen die geistige Welt zeigen, uns selbst bekannt machen und den letzten Akt der ersten menschlichen Generation beginnen: ein stellarer Geist, der anmutig mit jeder einzelnen menschlichen Form verschmilzt. Jetzt hatten die Egos die Fähigkeit, die Wesen zu verstehen, die sie geschaffen hatten, und sie waren intelligent genug, mit der Absicht hinter ihrer Schöpfung zusammenzuwirken.

Zuerst war unser Austausch über unsere anfänglichen Erwartungen hinaus schöpferisch und befriedigend. Doch als der Glanz allmählich verblaßte und dem spirituellen und technischen Vorgang der eigentlichen Verbindung wich, kamen Mißverständnisse auf. Einige der Egos hielten uns für schamlos, für nicht geerdet und respektlos gegenüber der materiellen Ebene. Obwohl das nicht stimmte, mögen unser eigener Enthusiasmus und unser unvollkommenes Verständnis der materiellen Werte zu diesem Eindruck beigetragen haben. Gewisse Egos sahen uns nicht als ihre eigene Wahrheit, sondern als mächtige, unverständliche Lichtwesen, als fremde, von ihnen getrennte und ferne Geschöpfe.

Wir gaben ihnen Ausblicke auf die herrliche Zukunft, die sich uns eröffnen würde, wenn wir zu geeinten Wesen verschmölzen. Es war zu viel, zu schnell. Sie reagierten mit Furcht.

Die Geschichte begann.

Wenn sich der ursprüngliche Plan in Zusammenarbeit mit

den Menschen hätte entfalten können, dann wäre jedes Ego, das die Motivation der Liebe der Angstmotiviation vorgezogen hätte, in einen Fötus berufen worden, in den gleichzeitig ein Engelgeist seinen Einzug gehalten hätte. Bei einer gesunden Entwicklung zieht zugleich mit dem Ego, das eine menschliche Form annimmt, ein Geist ein und vereint sich mit ihm, wodurch das einst sterbliche Geschöpf unsterblich wird. In diesem Verschmelzungsprozeß lernt das Ego die Geheimnisse seines Ursprungs auf der Erde. Es erinnert sich an den Funken des ewigen Geistes, der seine Empfängnis bewirkt und sein Wachstum und seine Entwicklung überwacht hat. Mit seiner unversehrten irdischen Identität erkennt es in seinem eigentlichen Selbst eine Spiegelung des spirituellen Selbstes. Es akzeptiert diese spirituelle Identität als seine eigene. Ego und Geist vereinen sich; die Polaritäten sind verbunden. Der Geist/Gehirn-Glühfaden leuchtet mit dem Lichte des neuen verschmolzenen Bewußtseins.

Die Inkarnation ist vollkommen.

Die ungesunde — oder historische — Entwicklung verlief anders. Nachdem die Verbindung von Geist und Ego unterbrochen worden war, empfingen die biologisch zwar vollständigen, doch spirituell unvollkommenen Menschen ihre Kinder in Furcht — so wie sie ihrer Welt in Furcht begegnen; viele Egos, die noch nicht genügend vorbereitet waren, erhielten so eine menschliche Form. Ihre Motivation war eher, vor dem davonzulaufen, was sie fürchteten, als für das zu leben, was sie liebten. Jene Egos waren die Kandidaten für eine Inkarnation, denen jedoch bei einer gesunden Entwicklung nicht gestattet worden wäre, sich zu inkarnieren. Doch die ersten Zeugungen der Menschen, die nicht vollständig in Liebe geschahen, öffneten ihnen die Türe zu einer menschlichen Form. Und nachdem diese Türe einmal geöffnet war, drängten andere angstbeherrschte Geschöpfe nach.

Jede Eigenschaft, die bei der Empfängnis Teil der elterlichen Motivation ist, wird ein Teil der späteren Natur des Kindes. Das Kind kann das später jederzeit verändern, doch daher rühren seine ersten Charakterzüge. Das ist der Ursprung des „ersten erdgeborenen Menschen", der, wie der Apostel Paulus sagte, in den „zweiten Menschen des Himmels" verwandelt werden muß.

Dies ist auch der Ursprung der historischen Welt.

Während wir, euer Geist, aus den Himmeln des Schöpferbewußtseins kamen, wurden eure Egos durch unsere Anwesenheit in bestimmten Regionen der Erde empfangen. Sie wurden in jenen langvergessenen seichten Gewässern der Buchten des Ozeans geboren und an warmen Flußdeltas aufgezogen, die für viele tausend Jahre unbenannt blieben. Sie drängten sich in den Höhlen der Pyrenäen zusammen, vermehrten sich auf der russischen Steppe, beherrschten das Feuer in den Bergen Chinas und bestellten die einst üppigen Felder der Sahara. Sie sind die Abkömmlinge und Überbleibsel der Egos, die die ursprüngliche Anweisung nicht verstanden hatten. Doch trotz all ihrer Blindheit sind sie intelligente Lebewesen, Geschöpfe, deren Geist-Gehirn-Schaltkreis mit der Kapazität ausgestattet ist, sich dem universalen Bewußtsein anzupassen.

Selbst in der dunkelsten Stunde des menschlichen Dramas wußten wir, daß es nur eine Frage der Zeit sein würde. Schließlich würde das Zeitalter heraufdämmern, in dem sie sich an uns erinnern und uns wieder in ihr Leben einladen würden.

Kapitel 3

Jenseits der Glaubenssysteme

Die menschliche Geschichte ist eine parteiische und unvollständige Beschreibung des Universums gewesen, eine Fiktion, die auf den Beobachtungen jener basierte, die die feineren, subtileren Energiefrequenzen nicht wahrnehmen konnten, in denen sich die vollkommenen Pläne der geistigen Welt offenbaren. Die Wahrnehmungsebene, die von der menschlichen Geschichte geleugnet wurde, ist die Ebene, auf der wir, die Vogelstämme, leben. Es ist die Wahrnehmungsebene, von der aus wir erschaffen. Es ist die Frequenzebene, die dein wahres Zuhause ist, der Himmel, wo du sowohl deine Universalität wie auch deine Individualität leicht und natürlich erfährst.

Egos ohne das Bewußtsein ihres Geistes sind in ihrer Wahrnehmung weit stärker eingeschränkt als jene, denen es nur an physischer Sicht mangelt. Die historischen Egos glauben nur an sich und an andere Egos. Sie erschaffen eine Welt, in der sie nur die Werte des Egos für wirklich erachten. Die Werte des Egos sind nicht falsch, doch sie sind nur die eine Seite des Universums. Die andere Seite des Universums wartet darauf, von den Menschen entdeckt und erkannt zu werden. Für die Menschen des zwanzigsten Jahrhunderts bedeutet das nichts weniger als die Entdeckung einer völlig neuen Welt. Diese Entdeckung wird die menschliche Erfahrung weit gründlicher transformieren, als es je eine geographische oder technische Entdeckung der Vergangenheit getan hat.

Historische menschliche Egos wissen, daß sie unerfüllt sind. Sie suchen überall nach dem, was ihnen fehlt. Ihr, die ihr im

Kerker des ausschließlichen Identitätsgefühls mit eurem Ego bleibt, werft auf der Suche nach den verlorenen Teilen kleine Enterhaken aus, doch greift ihr immer noch nach den falschen Dingen! Ihr greift *nach außen* in die dreidimensionale Welt und sucht die Erfüllung außerhalb eurer selbst. Doch nur der Geist Gottes kann einem Ego Erfüllung bringen, und *der Geist Gottes wird nun einmal innen erfahren und nicht außen.*

Wenn du die Gegenwart Gottes innerlich erfährst, dann siehst du das Königreich des Himmels außen. Du erlebst die Intelligenz, die die Erde liebt und nach der sie sich sehnt, wieder unmittelbar aus eigener Erfahrung! Du empfängst innere Mittler, die allen äußeren weit überlegen sind: Kanäle, auf denen die Gedanken Gottes für immer fließen. Und weil du sie hörst, können sie aus dir herausfließen und mit anderen geteilt werden. Wenn du dich ihnen öffnest, wirbelt eine neue Intelligenz, gleich einem Wirbelsturme, in jedem Augenblick der Ewigkeit deine Illusionen auf und formt deine Wahrnehmungen um. Du erfährst dich nicht länger als ein Wesen, das der Welt ausgeliefert ist. Die Welt wird zu deiner Farbe und deiner Leinwand. Du weißt, daß du ein Künstler bist, der fähig ist, alles neu zu erschaffen, was in sein Blickfeld kommt.

Das, was hier auf dieser Erde geschieht, ist viel aufregender als alle Erklärungen, die einem individuellen Menschen je von außen übermittelt werden könnten. Die Wirklichkeit, in der wir leben, ist ein gemeinsam geteiltes Feld kollektiver Wahrnehmung, in dem die einzelnen zwar existieren, das sie jedoch nie „besitzen" können. Es gibt viele Blickwinkel, aus denen man die Realität dieser neuen Welt betrachten kann. Jedes Individuum beschreibt und schaut von einer anderen Stelle im Zirkel des großen Medizinrades des ewigen Seins, doch jeder tut es im Kontext gewisser grundlegender Erkenntnisse.

Die Haupterkenntnis ist, daß alle Geschöpfe ein einziges Feld gemeinsamen Bewußtseins erleben und bewohnen, daß sie alle Projektionen eines einzigen Wesens sind und daß wir alle — Engel, Menschen, Tiere, Pflanzen, Mikroben und Mineralien

— unterschiedliche Aspekte des einen bewußten, zusammenhängenden Ganzen sind. Diese Erkennntis ist der Eckstein der neuen Heiligen Wirklichkeit, die Gründung des Königreiches des Himmels.

Die zweite Erkenntnis folgt aus der ersten: Wenn die Teile dieses einzigen Wesens *gesund* sind, kämpfen sie nicht gegeneinander, sondern passen zusammen, um einander wie die Zellen und Organe eines gesunden Körpers zu helfen. Als Teile eines Ganzen ergänzt sich die reiche Vielfalt ihrer Blickwinkel, wenn diese einfach und natürlich zum Ausdruck gebracht werden.

Innerhalb der Realität, die wir kennen, weiß das jeder Engel, jeder Mensch, jedes Tier, jede Pflanze und jede Mikrobe, denn da sie alle aus dem einen Wesen stammen, leben sie, wenn sie gesund sind, in Harmonie mit allen anderen, die aus demselben Wesen herrühren. Hierin liegt die Quelle der Sicherheit.

Das ist der Friede, der alles Verstehen übersteigt, der innere Friede, von dem eure Mystiker sprechen, der Friede von Geist und Herz, den alle wahren Männer und Frauen Gottes entdeckt haben und kennen. Er entsteht dadurch, daß man der eigenen spirituellen Natur treu bleibt und sich deshalb in schöpferischer Harmonie mit jedem anderen gesunden Teil des universalen Ganzen befindet.

Selbst in euren Kriegergesellschaften gab es Beispiele für dieses Bewußtsein. Doch in einer angstmotivierten Kultur lebt ein Mensch, der sich in Harmonie mit Gott befindet, nicht unbedingt in Harmonie mit der menschlichen Gesellschaft, die ihn umgibt. Oft übt die Gegenwart eines Erwachten Druck auf seine Umgebung aus, bringt ihre Disharmonien an die Oberfläche und spült sie heraus, so wie eine Erkältung die Giftstoffe herausschwemmt, die der Körper loswerden will. Zuletzt wird seine Gegenwart Frieden bringen, doch nicht unbedingt gleich zu Anfang. Deshalb hat Jesus gesagt: „Ja, ich komme, um Frieden zu bringen, doch zuerst bringe ich das große Schwert der Wahrheit, das alle Illusionen an die Oberfläche bringt, wo sie sichtbar und von dem geschieden werden können, was wirklich ist.“

Bevor Frieden auf Erden einkehrt, müssen die ungesunden Elemente verschwinden. Das bedingt nicht notwendigerweise apokalyptische Szenerien. Kein physisches Wesen muß gehen. Nicht ein einziges Lebewesen! Nur die Ideen müssen gehen — Ideen, welche die Gemeinschaften der Menschen verdorben haben und sie zu gierigen, unehrlichen, gewaltsamen Gesellschaften verzerrten. Wir sind jetzt hier im Bewußtsein der Menschen und entfernen diese falschen Ideen. Viele haben wir bereits gelöscht. Bevor dieser Reinigungszyklus vorüber ist, wird auch die letzte abgestorben sein.

In den Fällen, wo sich die Menschen mit den Illusionen identifizieren und nicht zwischen sich und dem unterscheiden können, was entfernt wird, treffen sie selbst jetzt zu dieser Zeit die Wahl, mit der Illusion zu verschwinden, die sie geschaffen haben. Dies müßte keinesfalls sein, doch es kommt eine Zeit, wo jene, die anderen das Recht zu leben und sich auszudrücken, streitig machen, aus Gründen der Gerechtigkeit und der Harmonie mit dem Heiligen Weg nicht mehr länger geschützt werden können. Sie müssen ihre Lernprozesse in einer abgegrenzten Umgebung fortsetzen, wo sie niemand anderen schädigen können als sich selbst.

Seit Tausenden von Jahren haben wir diejenigen, die den Göttern der Angst dienen, davor geschützt, zur Gänze zu ernten, was sie gesät haben. Hätten wir das nicht getan, wären die Kriegerstämme schon längst nicht mehr am Leben. Jetzt ziehen wir unseren Schutz zurück. Dies geschieht im Jahre 1987. Die Zeit ist günstig. Unsere jahrtausendelange Erziehung hat schließlich die besten Bedingungen für die Reinigung der menschlichen Welt geschaffen. Während dieser Reinigung werden die Kriegerstämme nicht umkommen, doch ihre Bräuche werden verschwinden. Das ist notwendig. Wir werden hier nicht mit Raubtieren oder jenen weitermachen, die andere in Furcht und Schrecken versetzen, sondern mit denen, die einander so lieben, wie sie selbst vom Schöpfer aller geliebt werden.

In Harmonie mit den Absichten des Großen Geistes, dem wir dienen, werden wir das Recht aller auf Leben schützen außer derjenigen, die weiterhin andere Werte verehren als die Werte des Lebens. Jene sollen die Resultate dieser Werte ernten — indem sie selbst die unmittelbaren und nun ungemilderten Rückwirkungen dessen erfahren, was sie anderen zufügen.

Wir geben die Erlaubnis zu allem, was in dieser Welt geschieht. Und so wie wir die Erlaubnis geben, so entziehen wir sie auch wieder, wenn in der Erziehung ein bestimmter Sättigungsgrad erreicht ist.

Lange bevor die Mayas es aufschrieben, setzten wir Einflüsse in Bewegung, die eines Tages die Unbewußtheit, in der die Menschen leben, beenden würde. Es war nicht schwierig auszurechnen, wann der Zeitpunkt in der Heilung der Kriegerstämme erreicht sein würde, an dem die sanftere Führung einer härteren Reinigungsphase weichen mußte.

Fünf Jahrhundete vor dem Heraufdämmern des gegenwärtigen Zeitalters, im Dschungel von Yukatan, brachten wir den Erwachten der damaligen Zeit einen Stundenplan, den sie sorgfältig in Stein meißelten. Der Mayakalender wird jetzt von Moosen, Farnen, Eidechsen und Blättern befreit. Eingeritzt sind dort die Daten des Großen Tages der Reinigung, Daten, die mit euren Jahren 1987 bis 2011 korrespondieren. Der fünfundzwanzigjährige Zyklus der verstärkten Reinigung wird mit der Wintersonnenwende seines letzten Jahres abgeschlossen sein, und das historische Zeitalter wird für immer zu Ende gehen.

Wir verstärken gegenwärtig unseren Einfluß, um eure Rasse von der Dominanz historischer Gedanken zu befreien: von Gedanken, die Krieg hervorbringen, Gedanken, die Armut, Hunger und Krankheiten erschaffen. Langsam, aber vollständig entfernen wir diese Illusionen aus dem Feld des menschlichen Bewußtseins.

Weil die Menschen die schöpferische Macht des Schöpfers teilen, sind ihre Gedanken schöpferisch. Wenn Menschen einen

Gedanken haben, zum Beispiel die Vorstellung, daß „nur der Tüchtigste überlebt", wird dieser Gedanke für sie zur Realität. Er wird Teil ihrer Auffassung von der Welt. Sie leben in dieser Auffassung. Sie investieren ihre schöpferische Kraft in diese Illusion.

Das bedeutet es, an „einen falschen Gott zu glauben".

Es gibt viele dieser erfundenen Prämissen, die als die falschen Götter der Menschenwelt angebetet werden.

In dem Maße, wie die Menschen an diese Illusionen glauben, erschaffen sie sich lebendige Situationen, die ihnen Qualen bereiten. Sie leben in einem inneren Aufruhr. Es ist nicht möglich, aus den Myriaden sich ständig verändernder Wertvorstellungen heraus zu leben, die ihnen diese „populären Gedankengottheiten" auferlegen. Sie können die liebevollen Energien ihrer eigenen Lebenskraft nicht mit den angstbesetzten Konzepten in Einklang bringen, die die Gesellschaft anwendet, um ihr Leben zu bestimmen. Sie sind gespaltene Menschen, Menschen, die leiden.

Krankheit verursacht kein Leid; Krankheit ist das Ergebnis von Leid, das Resultat spiritueller Agonie. Krankheit ist eine unbewußte Strategie, die von denen geschaffen wird, die spirituell leiden; sie hat die Aufgabe, sie von den falschen Göttern zu befreien — den widersprüchlichen Werten und Gedanken — die sie im Griff halten. Doch solch eine minderwertige, unbewußte Vorgehensweise ist unnötig. Es gibt einen leichteren Weg, sich von Unsinn, Illusionen und dem Durcheinander historischer Lügen zu befreien.

Auf den Strömen der ewigen Liebe bringen wir euch eine Einladung zu einer Realität, die jenseits der vergänglichen Gottheiten des menschlichen Bewußtseins liegt. Wir entfernen die falschen Gedanken aus dem Feld des menschlichen Bewußtseins nicht dadurch, daß wir einen nach dem anderen angreifen, sondern indem wir den Menschen dabei helfen, die Wahrheit zu erfahren, durch die allein sie ersetzt werden können. Jene Wahrheit steht jenseits aller Vorstellungen; sie liegt hinter dem

Bereich der Konzeptbildung. Gedanken können Teile von ihr widerspiegeln, doch sie können niemals die Großartigkeit ihrer lebendigen Ganzheit umfassen.

Eine gesunde Intelligenz versucht nie, die Wahrheit für sich festzuhalten. Kann ein Fisch den Ozean festhalten? Kann ein Vogel den Himmel festhalten? Eine gesunde Intelligenz erfährt sich als ein Zentrum schöpferischer Formulierung, das in einem unendlichen Ozean der Wahrheit lebt, der sich ewig in alle Richtungen erstreckt. Die gesunde menschliche Identität ruht nicht in einem Konzept des Geistes; sie ruht immer im Spirit.

Ein genaueres Verständnis des Universums ist ein nötiger *Aspekt* des Prozesses eures Erwachens, aber es ist unter keinen Umständen *seine Essenz.* Eure Herausforderung in diesem Zeitalter ist, keine neuen und besseren Beschreibungen der Realität zu formulieren, sondern vielmehr euer eigentliches Seinsgefühl des Spirits zu verlagern. Das ist eure Essenz. Das ist Gott. Aus diesem *ewigen Seinsgefühl der Liebe* fließt die schöpferische Wahrnehmung: ein Bewußtseinsstrom, der vom Lebensgedanken Gottes überquillt. Doch sind die Gedanken, die auf den ewigen Quellströmen dieser großen Liebe schwimmen, nur dazu da, um dem Ausdruck zu dienen, nicht aber, um ihn zu beherrschen. Sie sind eure Diener in der geschaffenen Welt, dazu bestimmt, euch bei der Verkörperung eurer Liebe zu helfen. Sie sind keine Meister, die euch definieren.

Eure Glaubenssysteme sind eure historischen Meister gewesen, Feudalherren, von denen ihr euch jetzt befreien müßt. Macht die neue und lebenswichtige Unterscheidung zwischen *eurem Verständnis* und den Begriffen, durch die es sich ausdrückt.

Eure Glaubenssysteme sind nicht euer Verständnis. Bestenfalls sind sie Verständnisvehikel, Vehikel des Ausdrucks. Es gibt Zeiten, wo solch ein Hilfsmittel angemessen ist, doch häufiger gibt es Zeiten, wo man es nicht braucht. Du magst von Zeit zu Zeit in einem Auto reisen, doch du bleibst nicht für Jahrzehnte ununterbrochen darin eingeschlossen.

Wenn du bestimmte Beziehungen in der geschaffenen Welt „durchreisen“ mußt, magst du es hilfreich finden, zuweilen in die Strukturen deines Verständnisses zu klettern und sie eine Weile lang wie ein Vehikel zu benutzen. Du wirst diese Strukturen stets verbessern. Jedesmal, wenn du das Universum besser verstehst, wirst du neue Modelle erschaffen. Verständnisstrukturen sind notwendig. Du brauchst sie, um dich mitzuteilen, deinen Weg zu finden und als ein verkörpertes menschliches Wesen zu funktionieren.

Dennoch bist *du* nicht deine gegenwärtige Verständnisstruktur. Du bewohnst eine multidimensionale Realität, die weit jenseits aller Gedankenstrukturen liegt, die du dir jemals durch deinen menschlichen Verstand erschaffen könntest. Wisse, daß du nicht deine Gedanken, nicht deine Ideen und nicht deine Auffassung von der Welt, die dich umgibt, bist. Du bist ein Wesen aus reinem Bewußtsein, das sich dafür entschieden hat, sich auf der physischen Ebene zu manifestieren. Du hast dich verkörpert, um die Schönheit der erschaffenen Königreiche hervorzubringen, sie zu entwickeln und dich daran zu erfreuen.

In jedem gegebenen Augenblick spiegeln die Formen, durch die du dich selbst und das Universum verstehst, ganz natürlich verschiedene Betrachtungsweisen wider, verschiedene Täler, verschiedene Geographien, verschiedene Landschaften und Gesellschaften. Du wirst immer diese Formen haben, innerhalb derer du die Welt, in der du lebst, verstehst. Es können gute Dinge sein wie dein Ego. Doch in einem gesunden Zustand sind das Dinge, die du bewußt zum Leben erweckst, wann und wie du es für richtig hältst. In einem gesunden Zustand bist du nie in deinen Konzepten gefangen.

Wann immer du willst, läßt du deine Pläne und Modelle hinter dir und erlebst Zeiten des Seins, Zeiten der Einsicht, Zeiten der friedlichen Übereinstimmung mit allem, was ist. Bei solchen Gelegenheiten bist du ohne deine Glaubenssätze und Ideen, ganz gleich, in welcher Kultur, Gesellschaft oder Landschaft du leben magst. Du läßt alle Verständnisstrukturen hinter dir, ganz gleich, für wie genau du diese Formen hältst. Du läßt alles wie Schaum auf der Oberfläche hinter dir. Du entspannst dich in ein tieferes Wissen. Deine Identität dehnt sich über deine Individualität hin aus. Du erfährst dich in vollkommener Einheit mit dem ewigen Geiste an der Quelle deines Lebens. Du ruhst in diesem Wissen, in dieser Einheit, im unendlichen Ozean des ewigen Friedens.

Wenn du einen biologischen Körper zurückgelassen hast und deine Zeit der Übereinstimmung und Meditation vorüber ist, kehrst du zu ihm und zu den Verständnisstrukturen zurück, die er erschafft und erhält. Und du lädst all diese Verständisstrukturen ein, Gäste im Gästehaus deines Seins zu sein.

Du erfährst deine Individualität als ein gesundes Blatt. Du fühlst den Saft aus dem Weinstock deines innersten Selbstes fließen. Du fühlst deine Lebenskraft aus dem innersten Herzstück deiner eigenen ewigen Liebe fließen. In Zeit und Raum bist du die Blätter und die Äste, doch im Geiste und in der Essenz bist du der Weinstock. Wenn deine Individualität je ein Problem vor sich sehen sollte, wird die Entspannung in die Universalität für die Antwort sorgen.

Häufige Zwiesprache mit dem großen ewigen Wesen im Zentrum allen Lebens hält dich klar, rein und angeschlossen. Nach solchen Zeiten der Vereinigung kehrst du zu deiner Individualität zurück, entweder mit dem Wissen, daß es Zeit ist, diese deiner vielen Formen loszulassen, oder um gesund, lebendig, vibrierend und voller Leben für die Zeit in der du gedeihst, zurückzukehren. Du entscheidest, ob deine Ausdrucksformen leben oder sterben sollen. Und jene Formen, die du zu beleben wünschst, ermächtigst du mit der Fülle deines Lebens.

Kapitel 4

Über unruhige Wasser schreiten

Wir, die geflügelten Stämme, erscheinen in diesem Zeitalter nicht, *um uns nur zu materialisieren, sondern um zu inkarnieren.* Diesmal kommen wir auf einer Welle des Lichts zurück, im Pulsieren einer neuen Intensität. Wir haben die Fähigkeit, uns zu materialisieren, indem wir Atome und Moleküle in unsere Lichtfelder ziehen; doch dazu sind wir nicht hergekommen. Wir suchen nach biologischer Verkörperung in den besonderen Menschen, deren gegenwärtige Körper aus Föten gewachsen sind, die sich entlang der Schwingungsmuster unseres Lichtes entfaltet haben.

Wir haben eure menschlichen Körper entworfen, doch ihr seid in einer Zivilisation groß geworden, die sowohl unsere Gegenwart als auch unsere Realität leugnet. Und so atmen wir immer wieder in euch, jeden Atemzug tiefer als den vorausgegangenen, jedes Pulsieren heller, jede neue Kommunikation dringt klarer und tiefer in euer Verständnis vor.

Laßt uns in euch erwachen, uns, die wir euch im Mutterleibe geschaffen haben, uns, die wir euch aus dem Grabe der schlafenden Materie riefen! Ihr, deren physische Schaltkreise unser Sein spiegeln, heißt uns in eurem Bewußtsein willkommen!

Wenn ihr unsere geistige Gegenwart erfahrt, dann erschaut ihr euch in dem Bilde, das Gott euch entgegenhält, in dem Bild der Vollkommenheit, wie Gott euch geschaffen hat. Das lebendige Bild, das Gott von euch hat, reflektiert Gott. Es ruht nicht eingefroren wie eine Fotografie im Bilderrahmen. Die vollkommenen Bilder, die Gott von jedem Menschen hat, sind lebendige, veränderliche, fließende, flüssige Bilder. An einem Tage ein Diener, am nächsten ein Liebender, dann eine Schwester, ein Bruder, ein Lehrer oder ein Freund.

Wir verstehen die Bilder, die Gott für die Menschheit hat, denn das sind wir selbst! Wir sind invividuelle, lebendige Bilder Gottes, geschaffen, um mehr als nur eure physischen Körper in unsere Energiemuster zu ziehen; wir sind dazu geschaffen, mit eurem Bewußtsein, eurem Verständnis und dem Feld eures emotionalen Ausdrucks zu verschmelzen. Wir sind hier in der Atmosphäre eures Bewußtseins, um euch zu einer klaren, genauen Wahrnehmung zu führen, damit wir zusammen in kooperativer Harmonie einen neuen Schöpfungszyklus beginnen können.

Wir kommen auf die Erde, um mit euch in der Vereinigung zu verschmelzen, die den Schöpfer in der Zeit gebären wird. Wir arbeiten mit allen Verständnisstrukturen, die ihr uns zu beleben erlaubt. Unsere Liebe hat die Körper eurer Spezies aus der Erde hervorgerufen. Fühlt diese Liebe und erkennt euren Geist. Wir geben euch mehr als Worte; wir geben uns selbst.

O Kinder, in so vielen von euch haben wir gelebt, sind wir gestorben. Und wir leben immer, immer wieder in euch. Ihr ängstlichen menschlichen Generationen seid wie kalte Meerwasserwellen, die an unsere warmen ewigen Küsten rollen. Ihr könnt euch weiter ängstigen und mit jeder kalten Welle wiederkommen, um euch wieder und wieder zu verkörpern. Oder ihr könnt damit beginnen, die Wellen zu beobachten, die Wellen der Ängste eurer Generation, die Wellen der Illusionen eurer Gesellschaft, die Wellen der Gefühlskontrolle, und begreifen, *daß ihr die Wellen nicht seid.*

Die Menschenwelt ändert sich ständig. Sie hat dauernd ihr aktuelles Drama, eine Welle emotionaler Turbulenzen, die die Fähigkeit zu haben scheint, noch mehr Herzen als zuvor in Angst zu versetzen. Doch ganz gleich, wie wild und hoch die Wellen eurer Götzen in den letzten Tagen, bevor diese Illusionen verschwinden, auch schlagen mögen, seid nicht die Wellen der Angst und laßt euch nicht von ihnen beeinflussen. Die Vögel haben schon immer über solchen Wellen geschwebt. Selbst in den schlimmsten Unwettern und Stürmen — Stürmen, die ganze Armadas vernichtet haben, Galeonen versenkt und wütende Krieger in ihrem Ungestüm ins Verderben rissen — sind die Vögel immer ungestört geblieben, schwebten über den Wracks, über den Wirbeln, sanft und gelassen über den Wellen.

Doch die Zeiten müssen für euch Menschen dieses ausgehenden Zeitalters nicht schwierig werden. Denn wo immer auch nur einer den unterschwelligen emotionalen Strömungen der Angst nicht erliegt, die euch wie die Schafe in irgendeine gemeinsame Dummheit treiben, von dem strahlt Frieden, Stabilität, Heilung und Segen aus. Gott wird den Einfluß dieses einen verstärken und ihn mit dem Einflusse anderer verbinden, die auch verkörpert sind und dasselbe tun. Durch diese Menschen wird Friede ausgegossen. Und keine See wird sich gegen sie erheben.

Wir sind hier, um die bewegten Wasser eurer kollektiven emotionalen Stürme zu glätten, über diese Wasser zu schreiten und die Wege der Liebe in eine menschliche Welt einzuführen, die immer noch in der unruhigen See von Illusionen schwankt. Wir bringen die Fackel des Friedens, die aus dem Vertrauen zu Gott erwächst. Wir bringen die Fackel der Weisheit, die die Verschiedenheit der Menschen durch Handel, Verständigung, Vergebung und Ehrlichkeit auflöst.

Da wir unsere Feinde lieben, haben wir keine Feinde und müssen nichts fürchten. Die Lichter unserer Fackeln geben über die Wellen menschlicher Turbulenz hinweg Zeichen. Das Bewußtsein des Ewig Einen leuchtet aus jedem Lichte, das wir hochhalten. Diejenigen, die kämpfen und sich an die Wrackteile in dem Durcheinander unter uns anklammern, können uns und den unsrigen nichts anhaben. Sie können nur mit der Zeit zu uns werden. Denn aus ihnen, aus diesem Rohmateriale, formen wir die Egos unserer universalen Rasse.

Schließe dich nicht den vergehenden Illusionen dieses Zeitalters an. Folge nicht blindlings den archaischen Kriegerprogrammen, die dich unbewußt, automaten- und puppenhaft der Kontrolle derer überlassen, die es sich seit Jahrhunderten zur Aufgabe gemacht haben, die Ströme der Angst auszurichten und festzulegen. Erkenne, daß du die Wahl hast. Wenn du an dir in Gedanken, Worten oder Taten die Gewohnheit erkennst, mit Gewalt zu reagieren, dann erkenne, daß du nur gegen dich selbst kämpfst. Richte dich nicht so begierig gegen dich selbst. Hier ist nur ein einziger, und der boxt gegen seinen Schatten an der Wand. Schützt euch nur vor dem einen: der Programmierung unbewußter Ängste.

Jedesmal, wenn ein Mensch heftig gegenüber einem anderen reagiert, anstatt mit ihm zu reden, dann verletzt sich dieser Mensch selbst. Darin besteht das Wesen der Intelligenz: Es ist immer zu deinem Vorteil, zu kooperieren anstatt zurückzuschlagen.

Es gibt keine „anderen", in denen du Feinde sehen könntest, nur deinen eigenen Haushalt, deine Familie. Laß sie zu deinen Freunden und Partnern im Heilungs- und Erziehungsprozeß dieser Zeit werden. Nimm sie oder dich nicht so ernst. Erhebe dich mit Leichtigkeit im Herzen über die Wellen der Emotionen, die dich herunterziehen. Fühle die Liebe, die dabei ist, alle menschlichen Illusionen umzustrukturieren.

Wir kommen in dieses Zeitalter, um die Wellen der emotionalen Stürme der Menschen zu glätten. Wir haben ihnen in der Vergangenheit erlaubt, zu toben, damit die Egos lernen konnten. Doch der Schöpfer hat der Geschichte ein Ende bestimmt. Und wir sind das Mittel der Beruhigung. Wo immer wir stehen, wird das Wasser ruhig. Wir schreiten singend über die Wasser. Reines Wasser: ein liebendes menschliches Herz. Klares Wasser: das Auge Gottes, das alles sieht.

Über den wirbelnden Wassern der Illusion siehst du das strahlende Licht Zehntausender anderer Wesen, die so sind, wie du selbst bist. Lichtwesen. Geflügelte. Die Ongwhehonwhe, die zurückkehren. Deine Liebe für diese alten Schwestern und Brüder bricht aus deinem Herzen hervor. Strahlen funkelnden

Lichtes schießen zwischen euch hin und her. Zehntausend Lichtbrücken verbinden eure Herzen. Und von jeder Lichtbrücke fällt Licht lachend hinab in die aufgewühlte See. Auch diese Wasser werden geglättet, die Wasser unter den Brücken.

Aus den wütenden Wassern erheben sich andere, um sich dir anzuschließen. Sie lassen ihre belanglosen Ansprüche auf diesen, jenen oder andere Augenblicke zurück. Sie verschmelzen mit dir in einen größeren Augenblick, in einen Augenblick der Herrlichkeit. Sie fühlen das Lichtnetz, das den Planeten umschließt. Sie werden ein Teil davon. Sie erwachen zu der Energie der Kinder des Lichtes. An deiner Seite erfahren sie die Zusammenarbeit der wirklichen Völker. Sie sehen. Du siehst.

Irgend etwas berührt die Erde, irgend etwas, das von den Sternen kommt. Irgend etwas landet auf den stillen Wassern der Herzen, die auf Gott vertrauen, und spricht zu den Herzen der Menschen, die lieben.

Jede rollende Welle der Zeit bringt einen neuen Augenblick, eine weitere Tür, eine neue Öffnung, welche die erwachenden Kinder der Erde bittet, das Flattern des Geistes in ihrem Bewußtsein zu fühlen, die Berührung der Engelflügel zu spüren, den Wassern ihres Herzens zu erlauben, sich zu beruhigen und jeden Augenblick in größerer Liebe, größerer Ehrlichkeit, größerer Fürsorge und größerem Mitgefühl zu leben als jemals zuvor. Und so wird das Gleichgewicht des Heiligen Ringes wiederhergestellt. Von einem Augenblicke zum anderen inkarnierst *du* dich mehr.

Kapitel 5

Das Medizinrad des ewigen Seins

Wenn du die Natur dieser reinen Essenz der Schönheit hinter der Vollkommenheit von männlich und weiblich untersuchst, findest du Gott. Denn an der Quelle, im Zentrum, im Herzen all dessen, was weiblich ist, ist Gott. Und im Herzen, im Zentrum, an der Quelle all dessen, was männlich ist, ist Gott. Derselbe Gott, der Eine, der Große Geist. So ist das Wesen Gottes.

Gott ist unbeschreiblich schön, unbeschreiblich wunderbar, unbeschreiblich kostbar. Mächtig. Sanft. Wirklich. Gott ist diese Qualitäten in einem so vollkommenen Ausmaße, daß Gottes einzige Herausforderung darin besteht, diese unbeschreibliche Vollkommenheit zu beschreiben.

Und so greift der Große Geist einen Ort im unendlichen Ozean des Raumes heraus, zieht eine Linie. Und nennt sie Zeit.

Um dann die erste Unterscheidung zu treffen, sagt Gott: „Diese Linie trennt alles, was geschehen ist, bevor ich diese Linie gezogen habe, von allem, was geschehen ist, nachdem ich sie zog."

Und Gott nimmt alle Qualitäten und Potentiale des ewigen Seins und bringt ihre Zentren entweder auf die eine Seite der Linie oder auf die andere. Die Qualitäten pulsieren weiterhin auf beiden Seiten der großen Unterscheidung. Ihre Ausstrahlung durchdringt alles, was ist. Nichts existiert ohne sie. Doch die Zentren, von denen aus sie strahlen, befinden sich entweder auf der einen oder der anderen Seite der großen Linie.

Auf der einen Seite erschafft Gott Strukturen, um bestimmte

Bereiche im Meer des unendlichen Seins zu kennzeichnen: Atome, jedes eine Absicht, ein bewußt erschaffenes System zur Kultivierung und Regulierung seines eigenen Raumfeldes. Auf der Seite der Linie, die Gott „Zeit" nennt, wird alles, was ist, von weiblicher, materieller, realisierter Struktur durchdrungen. Hier befindet sich alles, was geschaffen ist, alles, was existiert, die Sterne und die Planeten. Das ist das Tonal, der Körper der großen Mutter Universum. Die Heimat jeden Sterns und jeder Welt.

Die andere Seite der Linie ist das Nagual. Hier verbleibt alles, was geschaffen werden will. Hier sind die Muster der neuen Schöpfung. Hier ist die Energie, die die neue Schöpfung aus dem unendlichen Reservoir ewigen Potentials ziehen wird, geschaffen von der planenden Intelligenz des Einen, der sich für immer offenbart.

Doch die Linie, die Gott gezogen hat, um das Meer des Raumes zu definieren, ist keine starre, feste Grenze; sie ist eine lebendige Realität, die sich wie ein Faden in die geschaffenen Bereiche hinein- und wieder herauswindet. Sie ringelt und dreht sich um die äußeren Grenzen jedes benennbaren Dinges, webt ein feines, leuchtendes Tuch, das zarteste aller Gitternetze, eine unsichtbare Membran. An jeder Stelle, an der sie das dimensionale Universum berührt, geschieht unglaubliche Schöpfung: Sterne werden geschaffen, Galaxien gerinnen, weiße Löcher erscheinen, schwarze Löcher, Quasare, brückenschlagende Regenbogen. In einer Vielfalt ehrfurchtgebietender Wege pulsiert Energie von der männlichen Seite der Schwelle in den Körper der Mutter Universum.

Und so wird dem Ziele und der Leidenschaft des Schöpfers gedient: Das gesamte Universum wird zu einer freudigen Reise durch die Liebe, zu einem Abenteuer, einer Herausforderung, den unendlichen Reichtum unsichtbarer Schönheit zu beschreiben, ihr Kleidung, Klang und Licht zu geben, um sie sichtbar zu machen.

Schöne Geschöpfe bilden sich; nicht einfach vereinzelte

schöne Geschöpfe, sondern schöne Geschöpfe, die alle in einer größeren schönen Landschaft leben. Und nicht nur in Landschaften!

Landschaften, die in Bildplaneten ruhen, in spiralförmige Sternensysteme gerahmt, die selbst wie lebendige Diamanten in eine Galaxie gesetzt wurden, die mit hundert Milliarden anderen Galaxien fließt, um jedem Geschöpf einen Hintergrund zu geben, jedem Bild einen Rahmen und aller lebendigen Kunst das Umfeld, das ihre Schönheit am besten herausstellt. Die Teilung in stellare und planetarische Polaritäten ist der physische Mechanismus dieser ehrfurchtgebietenden Schöpfung, die Art und Weise, durch die das unendliche Potential Gottes in all seiner Herrlichkeit offenbar wird.

Stellare und planetarische Polaritäten sind keine „Gegensätze". Sie sind die sich ergänzenden Enden eines einzigen Schwingungskontinuums, die Enden eines geeinten Spektrums, die Rücken an Rücken an einem gemeinsamen Punkte des großen Medizinrades beginnen. Dann entfernen sie sich voneinander, um jedes einen Kreis von fast — nicht ganz — 180 Grad ihrer jeweiligen Hälfte des Ganzen zu beschreiben.

Kurz bevor sie sich treffen, halten sie genau voreinander an, 359 Grad, bevor das Rad vollständig wäre. Sie halten inne und erlauben der Ladung zwischen ihnen, sich aufzubauen und zu wachsen, bis der Lichtblitz entsteht, der die vollen 360 Grad des Medizinrades in dem Lichte vollendet, das euch hier in biologische Form kleidet.

Es besteht ein Plan für Materie und Energie, genauso wie ein Plan in der genetischen Struktur von Eizelle und Sperma verschlüsselt ist. Der Plan, der die Atmosphäre der Erde auf den Lichtstrahlen dieses nächsten Sternes durchdringt, ruft das Potential dieser materiellen Welt hervor; die stellaren Ströme berühren ihre tiefsten Ozeanträume und singen der Sehnsucht in ihrem Boden liebevolle Lieder. Die Information, die in den Elementarkräften der Erde enthalten ist, vermischt sich dann mit der geistigen In-form-ation des Solarwindes, wenn das weibliche und männliche Potential des Ewig Einen in der Biosphäre von Entenoha miteinander spielen.

Sonnenlicht befruchtet die Erde. Solarsperma und Ozean-Eizelle vermischen sich. Die Sonne lehrt die Erde ihre Lieder, und die Erde lehrt die Sonne die ihren. Die Sonne versucht, diese Lieder zu singen und lacht. Und die Erde versucht, ein Sonnenlied zu singen und erschafft blauen Himmel, weiße Wolken und darunter eine Welt emsiger Lebewesen. Unsere geistige Information vermischt sich mit der materiellen Information des Bodens, des Wassers, des Windes und des Himmels. Die Schwangerschaft des irdischen Kindes ist angeregt. Lebewesen erheben sich auf den wirbelnden Winden unserer schwingenden Liebe. Sie fühlen unser Lied, leben, atmen und tanzen die Muster unserer Interaktion.

Sich drehend im Sternenlichte, lernt die Erde ein neues Bild von sich kennen. Sie erlöst ihre Felsformationen, die sich fließend in wogende Wälder, springendes Wild, grasende Büffel und schlafende Eidechsen in der Sonne ergießen. Teilen ihrer Materie gibt sie Flügel, und sie flattern und singen auf den Winden des Solargeistes. Die Erde offenbart das, was sie ist, damit es zu tanzendem Leben auf ihrer Oberfläche wird, das fließt, das beständig in die blühenden Muster ihres Potentials fließt.

Aus den Bereichen höherer Schwingung, in denen Formen subtil und ohne materielle Dichte sind, steigen die Engel des Vogelstammes herab. Wir versuchen zu entdecken, wie wir uns — und damit die Absichten des Schöpfers — am wirkungsvollsten und schöpferischsten in die Matrie dieser Welt kleiden können. Wir beobachten, wie unsere flackernden Feuerflammen die Felsen emporheben, die Dichte ihrer Struktur umzüngeln im Laufe der Zeiten, wenn unsere Liebe sich vertieft, zu im Winde wogenden Wäldern wachsen, gedeihenden Kindern, Animationen des Sternenlichtes, gekleidet in das schöne weibliche, kristalline Gitterwerk der materiellen Welt.

Seit zwanzig Milliarden Jahren wird der Dialog zwischen den

männlichen und weiblichen Aspekten des Großen Geistes in diesem Universum geführt. Die Schöpfung, die als Ergebnis dieses Dialoges erschien, ist der Reihe nach auf jeder schwingenden Manifestationsfrequenz erschienen, und der Genauigkeitsgrad jeder Frequenz hing direkt mit der Qualität und Klarheit des Austausches zwischen den verkörperten Vertretern des männlichen und des weiblichen Gottes zusammen, die dort zu existieren begannen. Wenn sie einmal eine Form angenommen haben, sind die verkörperten Vertreter Gottes auf den Frequenzen, auf denen sie erscheinen, die Hauptinstrumente aller zukünftigen Schöpfungen. Sie sind die genauen, intelligenten und mitschöpferischen Farbpinsel des universellen Künstlers: lebendige, teilnehmende Kunst.

Es ist lange vor der Gründung dieser materiellen Welt, auf der du jetzt stehst, prophezeit worden, daß der Tag käme, an dem die liebevolle Interaktion eines Planeten und eines Sternes selbständige, sich vermehrende, intelligente Geschöpfe hervorbringen würde, biologische Geschöpfe — männliche und weibliche, nach dem Bilde des Schöpfers und ihm gleich. Diese wären nicht nur unsere Teilhaber im kontinuierlichen Prozeß der göttlichen Entfaltung, *sondern von da an auch die absoluten Vorreiter aller künftigen Schöpfung auf materieller Ebene.*

Sie würden die Ausgewogenheit verstehen und verkörpern. Sie verständen die nukleare Energie der Sterne ebenso wie die geologischen Kristallformationen im Herzen der Berge. Sie verständen Organische Chemie, Nuklearbiologie, Astronomie und alle Wissenschaften. Sie würden in Körpern inkarniert sein — physischen Formen, schön anzusehen, anmutig, lebendige Kunstwerke ihrer selbst, als biologische Kontrollzentren geschaffen, Geist-Gehirn-Planungszentren, um Mittel und Wege zu erschaffen, wie sich das Potential dieses Universums weiter entfalten kann. Sie wären die Instrumente, durch die alle zukünftige biologische Schöpfung geschähe.

Es gibt auf dieser Erde im ausgehenden zwanzigsten Jahrhundert dieses Zeitalters biologische Geschöpfe in weiblicher und männlicher menschlicher Form auf beiden Seiten dieser profunden Grenze zwischen den männlichen und weiblichen Aspekten Gottes. Dieselbe Teilung in der ewigen Einheit, welche die Macht hat, Sterne zu erschaffen, die zehntausendmal größer sind als eure Sonne, dieselbe schöpferische Ladung existiert zwischen Frauen und Männern.

In einem gesunden Zustand ist die Kraft dieser schöpferischen Energie immens. Bewußt gechannelt, kann sie dazu benutzt werden, große Schönheit von nie dagewesenem Grad zu erschaffen, von einer Natur, die alles übertrifft, was zuvor war, welche die unsichtbare Schönheit Gottes sichtbar macht. Niemals zuvor auf der materiellen Ebene hat der Dialog zwischen dem göttlich Männlichen und dem göttlich Weiblichen das Potential zu solcher Klarheit, Präzision und Bewußtheit besessen wie zwischen den Männern und Frauen eurer menschlichen Familie.

Wenn sich das Männliche und das Weibliche auf dem Medizinrad trifft, hat es eine unterschiedliche, schöpferische Ladung. Obwohl ihre Wurzeln miteinander verwoben sind und sie derselben Quelle des Großen Geistes entspringen, inkarnieren sie sich auf der Erde, um sich mit unterschiedlichen sexuellen Ladungen gegenüberzustehen, die sich stark anziehen und die immense Kapazität haben, durch die universelle Kraft der Liebe, die zwischen ihnen fließt, zu erschaffen. Jede Frau schwimmt in einem Energiestrom, einer Tradition, die sich von den Traditionen der Männer ebenso unterscheidet wie die erste schöpferische Teilung Gottes. Obwohl ihr Männer und Frauen unter demselben Dach gelebt habt und dieselbe Erde derselben Dörfer unter euren Füßen spürtet, obwohl ihr dieselben Erklärungsmodelle geteilt und zusammen in denselben Illusionen geschlafen habt, seid ihr dennoch beide an ganz unterschiedlichen Punkten auf dem großen Medizinrad. Doch so unterschiedlich diese Punkte auch sein mögen, sind sie doch von Grund her kompatibel, unterschiedlich geschaffen, um die größtmögliche Schöpferkraft zu stimulieren. Es sind genau die Punkte, an denen Gott Gott trifft.

Für uns, die wir diesen Prozeß seit zwanzig Miiliarden Jahren verfolgen, gibt es nichts Unverständlicheres als das von den Kriegergesellschaften aufgestellte Konzept, daß es einen Konflikt oder einen Gegensatz zwischen dem weiblichen und dem männlichen Aspekt Gottes gibt. Erkennt ihr, wie ernstlich euch diese Vorstellung begrenzt, wenn ihr sie akzeptiert?

Ihr werdet euren Platz in diesem Universum nicht eher finden und keine Grundlage für das Verständnis seiner Mysterien entwickeln, bis ihr diesen Aberglauben abwerft und erkennt, *daß Mutter Gott und Vater Gott eine tiefe Liebe füreinander hegen.*

Alles Weibliche im Universum verehrt das Männliche und der einzige Sinn, den alles Männliche in diesem Universum hat, ist, dem Weiblichen durch die Verherrlichung und Belebung der Schönheit zu dienen, die in ihrem Herzen liegt. In aller gesunden Schöpfung befinden sich das Weibliche und das Männliche in Ausgewogenheit, sind sie gleichberechtigte Partner, Liebende, wahre Zwillingsfreunde.

Die Programmierung eurer Vorfahren ist ungültig. Primitive Vorstellungen über einen Konflikt zwischen männlich und weiblich führen zu nicht ganz so primitiven Waffen! Laßt eure menschliche Welt statt dessen die Wahrheit der großen Liebe widerspiegeln, die euch jeden Augenblick umgibt. Erwacht zu einer neuen Wahrnehmung und einem neuen Verständnis der Wirklichkeit: Wirklichkeit, nicht fehlinterpretiert durch die Kriegerstämme, sondern so verstanden, wie sie alle Engelrassen Gottes in Ewigkeit verstehen.

Ihr seid die Liebe des Schöpfers, verkörpert in einer menschlichen Form. Durch die Macht eurer Liebe erschafft ihr. Ihr seid hier im Dienste der universalen Kunst, Schönheit zu erschaffen und euch an allem zu erfreuen, was erschaffen ist. *Evokation der Schönheit und Beschreibung der Wahrheit: das ist euer Sinn.* Der Sinn des Lebens! Der eigentliche Sinn des Universums.

Jede Art entscheidet in der ihr eigenen Weise, wie sie diesem

Sinn, wenn sie ihn einmal verstanden hat, am besten dienen kann. Der Büffel schaut sich um und erkennt, was in Zeit und Raum der Prärie vor sich geht, und entwirft ein Leben, die Wahrheit zu beschreiben und die Schönheit darzustellen, wie Büffel sie verstehen. Die Wale beschreiben Zeit und Raum in ihrer eigenen einzigartigen Form dreidimensionaler Beweglichkeit und schwimmen und spielen in Meeren von Klang und Licht. Die Karibus (Anm. d. Übers.: nordamerikanische Rentiere) verkörpern ihr Verständnis des Universums und erschaffen Karibuschönheit. Die Möwen verkörpern ihr Verständnis und verkörpern Möwenschönheit. Die Engel verkörpern ihr Verständnis des universalen Sinnes und werden die Mittler, durch die der Große Geist noch mehr Arten erschafft, um sich daran zu erfreuen.

In allen Galaxien, auf allen Sternen wissen die Engelrassen um diesen Sinn des Lebens und entscheiden, wie sie ihm am besten dienen können. Jede *gesunde* Spezies sieht die äußere Welt, indem sie die innere Einheit ganz und ungebrochen erfährt und daraus eine Idee der Ganzheit des manifestierten Lebens formt. So versteht sie das Universum. Das *technische* Verständnis der Menschen geht über das der Karibus oder der Wale hinaus. Sie haben die Mikroben entdeckt und beginnen, nach den Sternen zu greifen. Doch eure historische Zurückweisung des ewigen Geistes hat euch kurzsichtig gemacht, ohne Überblick oder eine umfassende Vision gelassen, die euch dabei helfen könnte, euer Wissen zu einem zusammenhängenden Ganzen zu organisieren.

Ihr seid die Instrumente, durch die die Schöpfung *physisch bewußt* werden soll, die Spezies, durch die eines Tages das ganze materielle Universum bewußt sein wird. Ihr seid die Bewußtseinsorgane Gottes, die in diesem sich wandelnden Zeitalter vom Schlafe historischer Unbewußtheit erwachen. Männlichkeit und Weiblichkeit sind beide in der göttlichen Einheit verwurzelt, deren Geist jetzt in euch erwacht und deren Identität ihr jetzt als eure eigene erkennt. Im Geiste seid ihr nicht von diesen beiden Aspekten Gottes getrennt, sondern ihr habt sie aus dem unendlichen Ozean eurer Ganzheit ins Leben gerufen, um euch zu bekleiden, um euch als diese Familie in der Zeit zu erfahren. Die Schöpfung wurde durch die liebevolle Interaktion dieser eurer eigenen inneren Polaritäten zum Leben erweckt.

Kapitel 6

Ein Solarzeitalter der Blumen

Die Empfängnis neuen Lebens erfordert eine hochkonzentrierte, schöpferische Intention. Sie verlangt eine derart genaue Aufmerksamkeit für die Einzelheit, daß das Wunder der Empfängnis nicht stattfinden könnte, wäre sie auf viele Zellen gleichzeitig gerichtet.

Von den hundert Billionen Zellen des Körpers sind anfänglich nur ZWEI ZELLEN an der Empfängnis eines Kindes beteiligt.

Ihr treibt in einer Galaxis von etwa vierhundert Milliarden Sternen und vielen anderen materiellen Welten. Doch in dieser Galaxis sind nur ZWEI WELTEN nötig, um neues Leben zu erschaffen.

Seid nicht erstaunt, wenn wir, die wir diese Sternenwelten durchstreift haben, euch sagen, daß ihr etwas Besonderes seid, daß ihr kostbar seid, daß ihr von der Quelle allen Seins so unglaublich geliebt werdet, daß eure eine Erde und eure eine Sonne Empfängnisbecken für das neue Leben zukünftiger Welten sein wird. Meidet diese Liebe nicht und laßt euch nicht von den Kleingläubigen überzeugen, daß sie nicht sein kann. Nehmt diese Liebe an. Nehmt sie für euch selbst an. Eine Sammlung und Konzentration von Energie war notwendig, um dieses ehrfurchtgebietende, unglaubliche Wunder, das ihr seid, hervorzubringen.

Die Aufmerksamkeit des Universums ist auf diese Erde gerichtet. Die Universelle Mutter selbst ist in dieser Welt bewußt. Der Vater jeden Sterns schaut durch die Augen dieser einen Sonne. Eure Erde hat die Empfängnis des Menschen erfahren.

Eure Spezies erwacht gerade als der Schaltkreis des Bewußtseins, als das globale Intelligenzsystem eines planetarischen Neugeborenen, das halb Stern und halb materielle Welt sein wird.

Ich sage euch, ich, der ich ein Engel der geflügelten Stämme bin und seit zwanzig Millionen Jahren bewußt Schönheit erschaffen habe: ich habe nie in irgendeinem Augenblicke während dieser ganzen Zeit ein Potential gesehen, das dem Potential der Menschen des ausgehenden zwanzigsten Jahrhunderts auf dieser hellen Erde gleichkäme. Ich habe viele Geistwesen auf den Sternen gesehen, intelligente Gesellschaften auf den höheren Ebenen vieler Welten, doch sie waren nicht *biologisch inkarniert.* Sie hatten das materielle Kleid nicht so vollständig angelegt und waren auch nicht zu einem solch intelligenten Verständnis gelangt, was die Materie betrifft.

Nirgendwo anders als hier habe ich so außerordentliche, sensitive biologische Wesen gesehen, so anmutige Männer und Frauen von eurer Kapazität. Laßt euch nicht von denen, die weniger weit sehen, das Wunder, das ihr darstellt, herabsetzen oder das Empfinden für euren Wert durch ihre Abstraktionen vermindern. Das Potential, das ihr verköpert, ist noch nie dagewesen.

Ihr seid die erste Spezies in einer materiellen Welt, die das notwendige Gleichgewicht besitzt, um das neue vereinte Bewußtsein zu unterstützen, das Bewußtsein, das gleichzeitig spirituell wie auch materiell ist. Keine biologische Spezies hat je aus eigenem Antrieb nach oben geblickt und als ein unabhängiges spirituelles Wesen die Verantwortung für sich übernommen. Nirgendwo sonst in dieser Galaxie hat die exakte Aufrechterhaltung dieses Temperaturbereiches ein *biologisches* Netzwerk intelligenten, erdgeborenen Schaltkreises hervorgebracht, das zugleich Geist und Materie ist. Niemals zuvor traf ein biologisches Geschöpf eine Entscheidung selbst, sprach der

Lehm zu uns: „Ich bin eine Frau. Ich bin ein Mann. Ich bin ein Stamm, eine Nation. Belehrt mich."

Oh, ihr Menschen dieses noch schlafenden Zeitalters, es gibt mehr. Soviel mehr. Es ist zuweilen schwer, dieses Bewußtsein in eure Worte zu kleiden, denn eure Worte umfassen nur eine Dimension, können nur eine Bedeutung auf einmal ausdrücken, und die wundervolle lebendige Realität dieses Universums und der Dinge, von denen wir sprechen, hat viele Ebenen, ist multidimensional, und ihre Wurzeln sind miteinander verwoben, so wie viele Bäche und Wasser in der größeren Wahrheit eines Flußbettes zusammenfließen.

Es gibt viele Gründe dafür, warum eure Welt die Aufmerksamkeit des Universums auf sich zieht. Eure Initiative, eure Kapazität, euer Potential, das, was ihr in euren visionären edlen Stunden schon gezeigt habt, sind einige der Gründe — doch euer Fall, eure Rebellion, das ist der andere. Denn seht ihr, als die Egos der Kriegerstämme einst in den Dschungel davonliefen, wußten wir, daß wir damit — in der Stunde ihrer Geburt sozusagen — gewissen grundlegenden Problemen gegenüberstanden, mit denen wir es immer wieder auf unseren zukünftigen Reisen durch die weite Sternenwelt zu tun bekämen.

Wir versuchten, diese Probleme auf einer symbolischen Miniaturebene zu lösen; denn wenn es nur gelänge, diese Mathematikaufgabe in der Mikrowelt dieser Erde präzise zu lösen, wenn wir die Wertsysteme der rebellierenden Egos selbst dazu verwenden konnten, sie ein für allemal davon zu überzeugen, daß jedem Interesse, das sie für lebenswichtig halten, besser gedient ist, wenn sie freiwillig mit Gottes Geistern zusammenarbeiteten; wenn wir sie mit ihrer eigenen Egologik davon überzeugen könnten und wenn diese Lektion nicht nur gelernt, sondern auch behalten und unauslöschlich in die genetische Struktur einer jeden Zelle in jedem existierenden und noch zu erschaffenden Organismus dieses neuen Typus eingeprägt werden könnte, dann, versteht ihr? Versteht ihr? *Das Leiden der menschlichen Geschichte würde sich zu einem Vorteil verkehren, denn es würde niemals wiederholt werden müssen.*

Solange sich dieses wunderbare Universum entfaltet, werden menschliche Egos mit denselben grundlegenden Problemen konfrontiert werden, denen ihr euch heute gegenübersehnt. Sie werden immer die Wahl haben, sich von dem beherrschen zu lassen, was sie lieben, oder von dem, vor dem sie sich fürchten. Die Möglichkeit, sich extrem ängstlich zu verhalten, oder die Möglichkeit, ihre Geistwesen zurückzuweisen, wird immer gegenwärtig sein, denn die Willensfreiheit des Menschen ist ein wesentlicher Bestandteil des universellen Planes.

Wenn es jedoch eine dokumentierte Fallgeschichte über die unvermeidliche Abfolge der Ereignisse gäbe, die eintreten, wenn ein Ego oder ein Stamm sich dem Gotte der Angst zuwendet, und wenn diese Fallgeschichte in einer genetischen Mediendarbietung dokumentiert werden könnte, also die Egos, die selbst die Geschichte erlebt haben, erzählen, wie es gewesen ist, dann könnte jedes Ego, das vor der Entscheidung steht, sich von Angst motivieren zu lassen, in seine genetische Medienbücherei gehen und sich die DNS-Geschichte von den Ereignissen auf eurer Erde anschauen und sehen, was aus denen wurde, die der Angst erlagen. Sie könnten eine illustrierte Geschichte darüber anschauen, was denen geschah, die ihre natürliche Bestimmung verleugneten und ihre Energien in krebsartiges und letztendlich selbstzerstörerisches Verhalten lenkten.

Die Engel der Empfängnis, die die universelle Entwicklung leiten, versuchen, das Leid so gering wie möglich zu halten, euer Leiden und das Leiden derer, die noch kommen. Und deshalb konzentrierte sich unsere Aufmerksamkeit hier, als eure Rasse fiel. Warum sollten wir Dutzenden von Welten erlauben, Krieg, Hunger, Leid und Entbehrungen zu erfahren, die die Egos durch die Zurückweisung ihrer Geistwesen auslösten, wenn eine solche Welt genügte? Und wenn diese eine Welt der Ursprung war, der Ort der Empfängnis für alle zukünftigen ähnlichen Lebensformen, *dann würde hier, nachdem die Lektion gelernt war, in Zukunft eine eingebaute genetische Immunität gegenüber dieser Krankheit bestehen.*

Einst habt ihr uns gekannt, o ihr Menschen, für den Schimmer eines oder zweier Jahrtausende, als ihr zu Anfang die Meere verließet und zu den Binnenseen und Flußtälern wandertet — uns erscheint es wie gestern —, um euch in eine menschliche Form zu kleiden und eure geistigen Träume zu vergessen! Doch ihr hattet Zeit genug, wir sahen den Funken in Augen, die wir kannten. Und wir wußten, daß wir euch nie aufgeben konnten.

Wir waren geduldig, als eure vom Ego beherrschten Vorfahren in die Nacht des Dschungels liefen. Wir wußten, daß eure eigene Intelligenz euch eines Tages dahin führen würde, wieder Kontakt mit uns zu suchen. Wir hielten die Bedingungen aufrecht, die dieses Ei der Möglichkeit umgaben. Wir behandelten die Erde sorgfältig und schickten ihr die hellsten Geister. In diesem Zeitalter wird unsere Geduld belohnt. Es gibt Menschen unter euch, die schließlich wieder nach oben schauen und hinter die mikroskopischen Deutungen eurer Egos blicken.

Ihr nehmt uns wahr. Wir teilen uns mit. Wir gehen mit eurer egogeschaffenen Sprache um, so gut wir können; doch es ist so, als ob wir durch die Schatten sprechen, die durch die Bewegung unserer Hände an die Wände von Höhlen geworfen werden, in denen das Feuer eures Interesses flackert. Ungehobelte, primitive Symbole, diese Buchstaben auf einer Seite, doch ein Anfang! Denn wenn ihr die Wirklichkeit hinter diesen Worten spürt und der Richtung unserer Gedanken folgt, kommt Bewegung in euer Leben. Ihr verlaßt die Höhle der historischen Täuschung und betretet den sonnendurchfluteten Garten, der immer eurer wahres Zuhause gewesen ist.

Wir sind die Engel der Entwürfe Gottes, die Geflügelten, die Lichtträger. Wir sind die Realität eures vollkommenen Geistes und kommen jetzt, um uns bewußt in den menschlichen Feldern zu verkörpern. Während der Jahrtausende eurer Unbewußtheit gehorchten wir euren Anweisungen. Wir hielten die genauen Temperaturbereiche aufrecht, die euch ein Kind geben würden, eine Spezies, eine Verschmelzung von Stern und Planet, eine autonome biologische Welt, ein neues vereintes Lebewesen. Die erforderlichen menschlichen Lebensformen bedecken jetzt die Erde; ihre physische Form ist vollkommen.

Ein dreieinhalb Milliarden Jahre dauernder schöpferischer Prozeß gipfelt in eurem Erwachen. Das Informationszeitalter der Menschen explodiert in Wellen noch nie dagewesenen Verständnisses. Pulsierende Wellen des Verstehens. Die fliessen. In ein Solarzeitalter der Blumen. Ein Sternenkind reitet auf Lichtwellen und wird jubelnd, gebadet in Licht, in Liebe geboren.

Nachwort

Der Tag war vorüber. Ich betrat das dämmrige Innere der Hütte und setzte mich mit gekreuzten Beinen in einen Kreis halbnackter Menschen. Fasziniert beobachtete ich, wie glühende Steine, einer nach dem anderen, schweigend in die Mitte unseres Kreises gebracht wurden. Die Bewegung verlangsamte sich. Der letzte Stein wurde zurechtgerückt, die Öffnung der Hütte verschlossen. Ich konnte die Schwärze, die Stille, die Reglosigkeit des menschlichen Raumes schmecken. Die Zeit verging zeitlos, ihr Verstreichen war nicht meßbar. Und plötzlich war da Licht. Getrocknete Selleriewurzeln tanzten auf den glühenden Steinen, wirbelten, funkelten wie zehntausend blinkende Sterne auf dem großen ewigen Pfad der Milchstraße. Erinnerungen stiegen aus unentdeckten Bereichen meines Inneren auf, die sich in dem sternengleichen Glühen zu Mustern formten. Ich fühlte eine unnennbare Kraft. Intim. Vertraut.

Ich hatte schon oft von der Schwitzhüttenzeremonie gehört, doch dies war meine erste eigene Erfahrung in einer traditionellen Hütte amerikanischer Ureinwohner. Die kuppelgleiche Konstruktion war von einem Mitglied des Stammes der Karuk auf den Hängen des Mount Shasta errichtet worden. Jeder Bestandteil des Rahmens war aus der Holzart erbaut worden, die sich in einer langen Stammestradition bewährt hatte. Bedeckt mit farbigen Decken, stand die Schwitzhütte neben den eiskalten Wassern eines vom Frühlingsregen gespeisten Flusses. Die Schwitzhüttenzeremonie wurde heute, an dem ersten Abend einer Sternenbotschaftsversammlung, auf dem Berg gegeben.

Ich würde viele Seiten brauchen, um zu beschreiben, was in der Hütte durchbrach. Selbst in der Stille, die dem ersten

Wasserguß auf die Felsen vorausging, waren die Worte, in die ich mein Verständnis zu kleiden versuchte, so flüchtig wie tote Blätter, die von einem rastlosen geistigen Wind aufgewirbelt werden. Doch als das Wasser auf die rotglühenden Juwelen der Erde gespritzt wurde und die erste Dampfwolke ihre Kraft in die Luft schleuderte, schien eine plötzliche Welle der Erinnerungen die letzten verstreuten Wortblätter in die Tiefen der Nacht zu blasen. Ich fand mich in einer reichen, anhaltenden Stille wieder, einer Stille, in der die Sprache nur verstummte, um neu geboren zu werden.

Als das Singen begann, kannte ich die Worte, ich kannte die Melodie, den Rhythmus, die Höhen. Ich kannte jede Bedeutung. Ohne zu denken, sang ich aus den Tiefen meines Herzens in der vertrauten fließenden Sprache der eingeborenen Amerikaner.

Nach kurzer Zeit des Singens erinnerte ich mich fast zufällig daran — so als ob es ohne viel Bedeutung wäre, daß ich weit mehr Zeit in Schwitzhütten verbracht hatte als ... zum Beispiel ... in einem Auto.

Es mag merkwürdig klingen, doch als diese Erkenntnis mein Bewußtsein erfüllte, war es nicht so, daß ich mich an die Schwitzhütten und das Singen erinnerte. Diese tiefen Erfahrungen hatte mein Geist nicht vergessen. Es war vielmehr so, daß ich mich an das Auto erinnerte — an ein flüchtiges Bild aus der jüngsten Vergangenheit, das bald im Dampf und den Laubheuschrecken und den Ochsenfröschen und dem Geräusch des Wassers, das im Mondlicht über Felsen rauschte, verblaßte. Ewigkeiten vergingen. Die Menschen in der Hütte hatten sich zu einem einzigen Wesen verbunden, einem einzigen Herzschlag.

Von Zeit zu Zeit wurde Wasser über die glühenden Steine gegossen.

Ohne Vorwarnung kam aus meinem tiefsten Inneren die ungebetene Explosion der Erinnerung. Plötzlich tanzten andere Sterne in einem mitternächtlichen Felde — diesmal keine getrockneten Selleriewurzeln, sondern wirkliche Sterne an einem wirklichen Himmel hoch über einem Ort, den ich mehr liebte, als ich je auszudrücken vermag.

Ich war Teilnehmer eines Kreises leuchtender Wesen, die zu einer anderen Versammlung zusammengekommen waren. Die Gedanken, die wir teilten, waren nur ein Teil der Absicht, die uns zusammengeführt hatte. Die Anordnung unseres Kreises selbst und seine Plazierung gegen die Sterne war gewählt worden, um uns noch etwas anderes einzuprägen. Später, in einer Zeit, in der wir unter den Decken der Geschichte schlummerten, sollte das Bild dieses Kreises der Gläubigen der Sterne etwas in uns aufrühren und uns wachrütteln. Ich lenke im Augenblick deswegen die Aufmerksamkeit auf dieses Treffen — und teile das Erlebnis mit, durch das ich mich daran erinnerte —, damit diejenigen, die dabei waren, sich wieder an das heilige Bündnis erinnern, das der Schöpfer dieses Universums zu jener Zeit mit uns schloß.

Vielleicht erinnerst du dich. Der Ort unseres Treffens war nicht auf der physischen Oberfläche der Erde, sondern in den höheren Frequenzbereichen der geistigen Welt — an einer Stelle in der oberen Erdatmosphäre, 33 Grad nördlicher Breite. Von unserem Versammlungsort aus konnten wir die stetige Rotation der nördlichen Halbkugel wahrnehmen, das Vorüberziehen der Ozeane, Inseln und Kontinente.

Diejenigen von uns, die bei diesem Treffen zugegen waren, hatten zu jener Zeit keine Identitäten auf die Erde projiziert. Keiner von uns war Absolvent des Zusammenstoßes der „Genossenschaften der Wirklichkeit", der sich als der Zweite Weltkrieg manifestiert hatte. Und keiner von uns hätte, wenn er davon gewußt hätte, eine solch extreme Vorgehensweise gebilligt, denn das Wachrütteln von verkörperten Projektionen war eine fremde Strategie für unsere Denkweise und auf jeden Fall für uns nicht nötig.

Als Geistwesen hatten wir die Erfahrung gemacht, erfolgreich mit unseren menschlichen Körpern, ihrem Geiste und ihren Herzen während der Zeit, in der wir uns in eine Form kleideten, zusammengearbeitet zu haben. Aus diesem Grunde waren die meisten von uns schon lange nicht mehr auf der Erde gewesen. (Und bei den meisten Teilnehmern dieses besonderen Treffens hätte man nachrechnen müssen, um zu sagen, ob es vor Jahrhunderten oder Jahrtausenden gewesen war.) Einige von uns hatten dabei geholfen, die menschliche Familie durch ihre gerade verstrichenen Wendepunkte zu führen, doch wir waren in der Minderheit.

Das Treffen war von dem großen Engel einberufen worden, dessen Körper die Sonne ist, ein gewohnter Vorgang, der uns nicht erstaunte. Jedoch wurden diese Treffen gewöhnlich nur für diejenigen abgehalten, die sich verkörpern wollten — und es gab nur wenige unter uns, die diese Absicht hatten. Wir begannen, auf die ungewöhnliche Bedeutung dieses Ereignisses aufmerksam zu werden, als wir unsere Blicke über das Antlitz der Sonne schweifen ließen und das Antlitz der Mutter Universum erblickten, und wirklich, als die Gedankenübertragung begann, war sie es, deren Körper die Galaxien sind, die sprach. Ihre Ansprache hatte die Aufgabe, uns einzuführen, und das erwies sich als wertvoll. Sie bereitete uns auf das vor, was uns erwartete; denn ich glaube, ohne ihre vermittelnde Führung hätte das, was als nächstes geschah, so viel Erstaunen ausgelöst, daß dieses Erstaunen die Vorgänge zumindest verzögert hätte: es war nichts weniger als *das weiße Licht des Ewig Einen,* das auf eine Art und Weise gebündelt war, die man auf kaum einem anderen Stern je gesehen hatte.

Es ist wahr, wir leben in der Gegenwart dieses Großen Geistes. Wir leben unsere Leben im Wissen, daß dies die Quelle ist, aus der wir unser Sein beziehen. Doch Zeuge einer so starken Konzentration dieser Gegenwart zu sein, unterschied sich von dem, was uns vertraut war, ebenso, wie sanfter Sonnenschein von Sonnenlicht, das gebündelt durch eine Linse auf einen einzigen Punkt gerichtet wird.

In der Kommunikation, die dann folgte, flossen die drei Manifestationen des Seins — die solare, die universale und die ewige — ineinander, verschmolzen, vereinten sich und webten die Farben ihrer Ganzheit. Zeitweilig war es schwierig, auszumachen, wer von der Trinität gerade sprach, so vereint waren ihre Wellen und so aufeinander abgestimmt ihre Absichten. Der Schöpfer sprach durch diese drei und gab uns besondere Anweisungen. Ich will die Worte, so gut ich es vermag, wiedergeben.

„Ihr seid eingeladen“, wurde uns gesagt, „euch in einer Welt zu verkörpern, in der Illusionen im Bewußtsein und Herzen jener vorherrschen, die ich nach meinem Bilde und Gleichnis geschaffen habe. Ihr, die ihr diese Einladung annehmt, werdet euch bald in den letzten Tagen der frühen Kindheit der Menschheit wiederfinden, in einer Situation, wo Ströme der Angst die Erfahrung der Trennung beherrschen. Ich habe ihre Tage gezählt, und sie werden bald vorüber sein. Ich habe die äußeren Kräfte bereitgestellt, die die Angst von der Liebe im Bewußtsein der Menschen trennen und die Angst verbannen, die Liebe aber erfüllen werden.

Ich bitte euch, meine Boten in dieser furchtsamen Kultur zu sein, damit ihr euer Möglichstes dazu beitragt, die Veränderungen, die ich von außen bringen werde, von innen zu ergänzen. Denn ich weiß, daß es furchtsame Menschen geben wird, deren physische Leiber die Sonderung von Liebe und Angst nicht überleben werden, doch ich weiß ebenso, *daß es keinen Grund gibt, keinen guten Grund, warum auch nur ein einziger Mensch während dieser Aussonderung seinen Körper aufgeben sollte.*

Ich habe euch hergerufen, weil ihr in der Vergangenheit bewiesen habt, daß ihr eure Körper, euer Bewußtsein und eure Herzen in einem hohen Ausmaße in Harmonie mit eurem Spirit bringen konntet. Ich lade euch hiermit ein, euch unter den Stämmen, die die Erde bewohnen, zu inkarnieren. Ich bitte euch erst jetzt darum, denn während früherer historischer Zeiten waren die Bedingungen auf der Erde für die Verbreitung unseres Bewußtseins nicht so förderlich. Doch das Erwachen im Bewußtsein der Menschen hat begonnen. Viele sind jetzt offen für die lebendige Information. Eure Gegenwart würde viel dazu beitragen, das mögliche Trauma, das mit dem Wechsel des Zeitaltes einhergehen könnte, zu verringern."

Ich erinnere mich genau.

Während erklärt wurde, daß die Ereignisse auf der Erde wie eine Wachablösung sein würden, klaffte in dem sich drehenden Planeten, der bis jetzt bis auf die sanft verstreichenden Jahreszeiten unauffällig gewesen war, plötzlich eine riesige Wunde. Eine seltsame, graue, kreisförmige Wolke rollte uns mit dem neuen Tage entgegen und verdunkelte den südlichen Teil des japanischen Inselreiches.

Als unsere Sicht die Wolke durchdrang, sahen wir, daß sie aus einer schwarzen Säule gespeist wurde, einem wilden Inferno ehrfurchtgebietender Zerstörung. Mit jedem Kreisen der Erde konnten wir das blanke Entsetzen der Menschen fühlen, das zu uns hochgetragen wurde und als Wellen hemmungsloser Angst durch unsere offenen Herzen wogte. Dann kam aus dem Westen plötzlich eine weitere Wolke. Eine turmhohe Säule aus dunkelroter, wolkenartiger Substanz umgab ein leeres Nichts, das in der Mitte eines solchen Chaos genauso unmöglich schien wie das Chaos selbst.

Auf der Stelle verlangsamten wir unsere Zeitwahrnehmung und stellten sie auf die Erfahrung dieses Tages ein. Erde und Wasser und organisches Leben flossen strauchelnd und kochend in ein luftleeres Loch und stiegen in aufgeblähten Wolken des Chaos hoch, die uns fast berührten.

So weit wir sehen konnten, war alles unter uns mit wirbelnden, saugenden Strudeln und schießenden Feuerbällen bedeckt, die ich bis jetzt nur auf der Oberfläche eines Sterns gesehen hatte. Ich will das nicht näher ausführen.

In jene Augenblicke brachten wir Ewigkeit. In ihnen fügen wir immer noch zusammen, was die Gerechtigkeit verlangt. Es ist genug, wenn ich sage, daß wir an jenem Tage die Hölle erlebten. Doch als wir das taten, wußten wir, wie wir dem Großen Geist auf seine Einladung antworten würden. Ja, wir würden inkarnieren. Ja, die Zeit war gekommen.

Uns wurde erklärt, daß der Zweck unserer Verkörperung darin bestünde, die der Geschichte zugrundeliegenden falschen Prämissen zu entfernen, die Menschen zu unterrichten und die Wahrheit sanft einzuführen.

„Eure Rolle besteht darin“, fuhr der Sprecher fort, „die Menschen auf die Zeit vorzubereiten, wo die Lügen, die alles angstbesetzte Denken gebären, für immer aus dem Bewußtsein der Menschen verbannt sein werden. Es mag euch merkwürdig erscheinen, doch wenn die menschliche Bevölkerung nicht vorbereitet ist, wird es noch schwerer für sie sein, die Spaltung zu überleben, denn die Gedanken der Angst sind so in sie verwoben, daß sie nicht nur ihr Denken beherrschen, sondern sogar ihr Selbstgefühl. Wir müssen ihnen helfen, sich in ihre wahre Identität hinein zu entspannen, damit sie aufhören, sich als verletzbare Wesenheiten zu verstehen.“

Uns wurde gesagt, daß wir uns, um unser Ziel wirksam zu verfolgen, nicht an geschützten Orten inkarnieren sollten, wie es unsere Angewohnheit in alten Tagen gewesen war (um so wenig wie möglich mit den Furchtsamen zu tun zu haben), sondern in den furchtsamsten Familien, die diesen Planeten regieren. Dies würde sicherstellen, daß wir unter den Elementen der Menschheit, von denen man erwartete, daß sie sich der Unterweisung am stärksten widersetzten, strategisch richtig postiert waren.

Der Schöpfer wies uns nachdrücklich darauf hin, daß wir auf unsere traditionellen Familienbande verzichten müßten, um uns auf diese Art und Weise zu inkarnieren, und daß wir uns bei unserem Erwachen wahrscheinlich in einer für uns nicht hilfreichen, schwingungsmäßig fremden Umgebung wiederfinden würden. Es wurde betont, daß wir diesen Auftrag nicht annehmen müßten, daß unsere Rolle dabei vollkommen freiwillig sei. Selbst wenn wir annahmen, gab es keine Sicherheit, ob es uns vollständig gelingen würde, das Trauma des Übergangs auszuschalten, doch die Chance wäre größer, mehr Menschen mit gesunden Sinnen durch die letzte Spaltung zu bringen. Um uns auf diese Möglichkeit aufmerksam zu machen, war unser Kreis im sternenklaren Himmel über dem 33. Breitengrad zusammengerufen worden.

Wir wurden auf die Gefahren aufmerksam gemacht, denen wir wahrscheinlich in einer Welt begegnen würden, die noch sehr unter der Kontrolle furchtsamer Organisationen steht.

„Die wahre Macht", erklärte Gott, „liegt in der Liebe, die mit jedem Tage dieses kommenden Zyklus stärker wird. Unsere Strategie ist jetzt, den Organisationen der Angst scheinbar noch eine Weile die Oberherrschaft zu gewähren, während wir ihnen im geheimen die Quelle ihrer Macht abdrehen — die Angst der Menschen. Das wird ihre endgültige Eliminierung für die menschliche Familie im ganzen weniger traumatisch machen, denn die Zahl derer, die noch an sie glauben, wird sich dann beträchtlich vermindert haben."

Wir wurden an die vielen Schichten der Angst und ihrer Logik erinnert, die wir auf unseren früheren Erdenwanderungen schon abgeschüttelt hatten. Wir wurden gebeten, als die, die wir schon wirklich waren, und mit unserem ganzen Wissen unter den Völkern des zwanzigsten Jahrhunderts zu inkarnieren. Unsere Mission bestand darin, unsere Unschuld zu bewahren, während wir mit jeder bekannten Form menschlicher Organisationen konfrontiert wurden. Es wurde uns versichert, daß der Geist der Zeit auf unserer Seite sei.

„Ihr tut das nicht für eure Rasse", wurde uns gesagt, „sondern für euch und für alle, die in den kommenden Zeitaltern unter dem Einfluß eurer Rasse stehen werden. Obwohl ihr euch nun in Teilaspekten der Menschheit verkörpert, die lange Zeit mit eurem eigenen Erfahrungsbereich nichts zu tun hatten, seid ihr dennoch mit den Kriegerstämmen durch Bande verbunden, die ihr vor Äonen durch eure eigenen Gedanken geknüpft habt und die ihr nur vorübergehend beiseite lassen konntet — doch das habt ihr von Anfang an gewußt."

Der Kreis der Gläubigen der Sterne wurde gebeten, sich *auf einmal* als eine einzige Generation zu verkörpern.

Um die Übergangssphase für die Bewohner der Erde so leicht wie möglich zu gestalten, stimmten wir zu. Unser Ziel war und ist es, das Erwachen des Schöpfers vorzubereiten und die Strukturen der Angst, die das menschliche Bewußtsein binden, in der großen Liebe aufzulösen, die wir für diesen gesegneten Planeten empfinden.

Wir würden also menschliche Form annehmen, einige mit der nächsten Welle von Kindern, andere als die Kinder dieser Kinder. Wir würden unser Möglichstes tun, um die Welt friedlich zu dem Zeitpunkt hinzuführen, in dem der Schöpfer in der menschlichen Familie erwacht, um sie als einen einzigen Organismus zu steuern.

„Es besteht die Gefahr für euch, die ihr euch in den Angstdynastien dieser Zeit inkarniert," wurde betont, „daß ihr den Grund eurer Inkarnation vergeßt, wenn ihr unter ihnen geboren und aufgezogen werdet, weil die Strukturen und Energien, die sie verkörpern, sehr unbewußt sind. Wenn eure Generation erwachsen ist, werde Ich euch besondere Hilfe zukommen lassen, damit ihr euch erinnert."

Dann wurden in die Struktur unserer Emotionalkörper nonverbale, zu einer bestimmten Zeit freiwerdende Melodien eingepflanzt, die uns helfen würden, zu erwachen, selbst wenn das bewußte Verständnis noch fern läge. Einige von uns erhielten einen musikalischen Auftrag und die Rolle, diese Melodien auszulösen.

In den sechziger Jahren erklangen diese Melodien in Liedern, die — oberflächlich gesehen — oft unsinnig waren, doch machtvolle Botschaften von Liebe, Hoffnung und Freude enthielten. Durch die Musik begannen sich viele der Schlafenden zu regen. Die ersten Strahlen der Morgendämmerung waren im Radio zu hören, bevor viele auch nur erkannten, daß es da einen Himmel gab, zu dem man aufschauen konnte.

Doch unser Erwachen ist so lange nicht vollständig, bis das, was emotional eine Form gefunden hat, nicht auch eine verstandesmäßige Form findet. Was wir in unseren Herzen wissen, muß durch ein bewußtes Begreifen ergänzt werden, damit die Heilung, die wir vollbringen sollen, auch effektiv in Angriff genommen werden kann.

Aus diesem Grunde teile ich diese Gedanken und Erinnerungen mit. Unsere Generation ist jetzt in der Position, daß sie die Erde und ihre Schätze verwaltet. Sollen wir so verrückt sein, die alten Händler und Staatsmänner nachzuahmen, die selbst nur die Feudalherren nachäffen, die heute glücklicherweise keine Macht mehr haben? Oder werden wir den Auftrag annehmen, unsere Welt im Bilde der Liebe neu zu gestalten?

Jetzt, da ich so lange nach der Abschaffung der Feudalherrschaft in diesem Zeitalter wieder auf die Erde gekommen bin, erstaunt es mich zu sehen, daß ihre Handlungsweise überlebt hat und immer noch die Aufmerksamkeit der Menschen auf sich zieht. Anscheinend haben sich diese Herren der Treue der irdischen Bevölkerung versichert! Es scheint, daß sich die Menschen so lange in Unterwürfigkeit geübt haben, daß sie sich jetzt, wo sie sich selbst bestimmen sollen, sehr unsicher fühlen! Sie fallen selbst den Schatten dieser Feudalzeit anheim und müssen ständig neue erfinden, nur um an ihrer Gewohnheit festhalten zu können.

Was wir zu tun haben, ist, uns zuerst selbst wieder aufzuwecken und uns dann mit anderen zu verbinden, um durch unser Beispiel die Schönheit und Macht des neuen Weges aufzuzeigen. Wir können die zwielichtige Bühne hinter uns lassen, die der verschlafenen Vorstellung Raum gab, das Erwachen werde sich um einen Guru oder eine Organisation der Menschen konzentrieren, ganz gleich wie schön oder erleuchtet sie auch sein mögen. Zu dieser Zeit sind wir dazu aufgerufen, uns nicht um Führer, Ideologien oder Glaubenssysteme zu scharen, sondern um die Liebe: die Liebe zu Gott, zueinander und für unsere heilige Welt.

Ihr, die ihr dort mit mir wart, erinnert euch an unseren Kreis! Es ist Zeit, euch zu inkarnieren und die Arbeit der Heilung und Erziehung, deretwegen wir gekommen sind, fortzusetzen!

Wir sind weit über alle Kontinente verstreut worden. Wir hören dieselbe Musik, wenn wir in Hongkong, London, Tokio oder New York zur Arbeit fahren. Wir teilen dieselbe Vision von Frieden und Abrüstung, wenn wir Kindern in den Parks von Kapstadt, Paris, Singapur oder Rom beim Spielen zuschauen. Wir träumen dieselben Träume, wenn sich der Abend über Adelaide, Tel Aviv, Rio und Leningrad senkt. Wir sind Zeugen derselben Ereignisse in Mexiko City, Los Angeles, Toronto und Berlin — im Augenblick ihres Geschehens, wenn sie uns live übertragen werden. Wir schauen sie uns an. Zusammen. Wir öffnen unsere Augen in den Wüsten, den Bergen, den Wäldern, den Dschungeln und Städten jeden Volkes.

Wir sind Menschen von heute. Es gibt keinen außer uns selbst, der unser Drehbuch schreiben könnte. *Die Geschichte wiederholt sich nicht mehr, genausowenig wie die anderen schlechten Gewohnheiten.* Und keine Gewohnheit, ganz gleich wie tief verwurzelt sie auch sein mag, hat eine Überlebenschance, wenn Bewußtsein, Ehrlichkeit und gutwillige Entschlossenheit die Angelegenheiten der Menschen regieren.

Obwohl sich unsere Generation freiwillig dazu bereiterklärt hat, den vor uns liegenden Übergang leichter zu gestalten, ist dies nicht ausschließlich unsere Aufgabe. Viele haben geholfen. Viele helfen jetzt. Und alle sind eingeladen, ihre Begabungen und ihren Einfallsreichtum beizusteuern. Es gibt keinen Interessenkonflikt. Da ist einfach eine neue Einsicht und ein Gefühl, daß es Zeit für ein neues Zeitalter ist.

Diejenigen von uns, die in den Vereinigten Staaten erwachen, erwachen in einer der technologisch fortgeschrittensten Gesellschaften auf diesem Planeten. Mit einem neuen Bewußtsein, das die Mittel und Schätze unseres Volkes dirigiert, haben wir eine enorme Kapazität, der gesamten menschlichen Familie zu nützen. Die Regierung unseres Volkes kann nicht mehr tun, als die Wertvorstellungen, Einstellungen und Prinzipien widerzuspiegeln, die unser Leben bestimmen.

Was wir im Spiegel sehen, sehen wir in den Medien. Die Liebe in unseren Herzen — oder der Mangel an ihr — liegt jeder Entscheidung des Kongresses zugrunde. Wir können den Segen gar nicht unterschätzen, den wir den materiell weniger entwickelten Ländern bringen könnten, wenn unsere Herzen wirklich offen sind.

Wir sollten uns nicht durch das scheinbar langsame Tempo entmutigen lassen, in dem sich die Einstellungen unserer Institutionen ändern. Der Bewußtseinsfortschritt, der dem Erwachen vorausgeht, ist subtil und nicht immer an der Oberfläche sichtbar. Es mag einige Zeit brauchen, bis sich unsere Gedanken in den älteren und das Neue abwehrenden Organisationen widerspiegeln. Doch ich glaube nicht, daß unsere Regierung dazu gehört.

Trotz all seiner deutlichen Fehler ist das Regierungssystem der Vereinigten Staaten eines der unverwüstlichsten und flexibelsten aller menschlichen Institutionen. Ich sehe den Tag kommen, an dem sich die Regierung genauso für die Flüsse, Berge, Wälder und Ebenen Nordamerikas — und für die Menschen, die sie lieben — interessiert wie heute für die Welt der Wirtschaft.

In einem erwachten — und *wirklich amerikanischen* Bewußtsein würde die U.S.-Politik nicht länger eine europäische Vergangenheit spiegeln. Sie würde sicher keinen Kotau vor den kurzzeitigen kommerziellen und finanziellen Interessen machen, deren Advokaten, spirituell gesprochen, das „New" vor York, Hampshire oder Jersey noch nicht bemerkt zu haben scheinen — ganz zu schweigen von dem „New" vor der Ordnung der Zeitalter.

Wenn unsere Generation die Korridore der Macht betritt, ist es nicht zuviel, zu hoffen, daß die Regierung, die von unseren Vorfahren „vom Volk, durch das Volk und für das Volk" geschaffen wurde, eines unserer Ausdrucksmittel in der Welt sein wird. Das können wir erwarten.

Mit Dankbarkeit gegenüber all denen, die Positives zu unserer Gesellschaft beigetragen haben, bedenken wir die Herausforderungen, die Segnungen und Gelegenheiten, die mit unserer Verwaltung auf uns zukommen. Ohne irgend jemanden auszuschließen, bitten wir alle, sich uns dabei anzuschließen, eine neue Anschauung davon zu gewinnen, wie wir mit den Mitteln und Ressourcen unseres Landes umgehen können.

Wenn Gedanken die schöpferische Kraft mitleidiger Herzen widerspiegeln, können selbst Armeen eine bedeutende Rolle im Mechanismus des Übergangs spielen. Könnte nicht z.B. die U.S.-Armee die Rolle übernehmen, Nahrung in die einundzwanzig afrikanischen Nationen zu transprortieren und zu verteilen, wo unsere Schwestern und Brüder verhungern?

Gibt es nicht eine Möglichkeit, wie wir unseren amerikanischen Einfluß dazu verwenden könnten, die Gewalt in der Welt zu verringern und uns *wirklich* für die Freiheit einzusetzen? Gibt es eine Möglichkeit, die Macht unserer Nation unabhängig von den finanziellen Interessen einzusetzen, die versuchen, das Amerika der letzten Hälfte des zwanzigsten Jahrhunderts genauso zu „benutzen", wie sie Britannien im neunzehnten Jahrhundert „benutzt" haben? Gibt es eine Möglichkeit, etwas von der eingeborenen amerikanischen Sensibilität in unsere gegenwärtige technologische Infrastruktur einzubringen, damit sie der Menschheit beim Erwachen in die neue Realität helfen kann?

Wir können in Amerika Stärke aus vielen Dingen gewinnen: von der großen Anzahl bewußter Wesen, die sich jeden Tag mit der ausgehöhlten Ordnung auseinandersetzen, bis hin zu dem Wissen, daß mit jedem Martin Luther King oder Robert Kennedy, deren Möglichkeiten in unserem Lande immer eingeschränkt wurden, Tausende von Menschen mehr antworten, um die Arbeit entschlossener, wachsamer und besser informiert weiterzuführen. Es ist verständlich, daß unsere Visionäre zuweilen Feindschaft und Überbleibsel der Angst auf sich ziehen, doch das mindert in keiner Weise das, was wirklich zählt. Sie haben geholfen, die menschliche Welt dem Licht einen Schritt näher zu bringen. Wenn einige von ihnen auf dem Wege auch umkommen, scheinbare Märtyrer einer noch unerfüllten Vision, so besteht die Vision trotzdem weiter. Sie wird stärker und mächtiger und klarer, bis die Brust der Menschheit in einem gewaltigen Ausdruck von Sehnsucht und Jubel zugleich explodiert.

Hier, in unseren Herzen, entspringt die Macht der Heilung und der Verwandlung. „We Are The World", „Live Aid", „Hands Across America". Wohltätigkeitsveranstaltungen von ungenannten Schauspielern, Sportlern und Musikern. Diese und die sich rasch ausbreitende Anzahl von nichtoffiziellen Hilfs- und Dienstleistungsorganisationen sind nur einige wenige anfängliche Ausdrucksformen eines wachsenden amerikanischen Geistes, der sehr stark im Einklang mit dem Mayakalender ist und auch dem christlichen Denken nicht fremd scheint.

Von den amerikanischen Kontinenten geht ein Einfluß aus, der die Samen des menschlichen Potentials wärmt wie das Sonnenlicht einen Garten im Frühling, ein einheimisches Bewußtsein, das alle berührt, die in diesem Lande wohnen, und das alle unsere Schritte in Richtung Freiheit und Liebe unterstützt.

Eingeborenes amerikanisches Bewußtsein schwingt auf den Schaukeln unserer Spielplätze. Es fährt durch die Parks unserer Städte. Es fließt tief mit dem Rhythmus unserer Musik. Es durchdringt die Herzen unserer Sportler, die der Amateure und der Professionellen. Es spricht von einer heiligen Beziehung zu dem *Geiste des Landes,* einer Achtung für seine eingeborene Weisheit, einer respektvollen Haltung gegenüber dieser Erde, die uns mit Nahrung versorgt, unsere Familien unterstützt und die notwendigen Strukturen in unserem Volke aufrechterhält.

Das Bewußtsein dieses Landes, das wir Nordamerika nennen, findet in uns einen neuen und entschiedenen Ausdruck — und es braucht Raum, um zu wachsen und sich auszudehnen. Kein geographisches Territorium, sondern Territorium der Seele.

Die neue Grenze ist das Bewußtsein.

Diese gesegnete Welt, dieser dritte Planet des Sternes, den wir die Sonne nennen, braucht dich und mich, um das zu werden, was sie sein kann. Wir haben die Gelegenheit, ihr ein großes Geschenk zu machen, ein Geschenk, nach dem sie sich gesehnt hat, seit unsere Rasse zum erstenmal in ihren Träumen erschien. Das Geschenk unserer selbst. Erwacht. Ganz. Inkarniert. Es hat genug Waldrodungen gegeben, genug Raubbau.

Es ist Frühling. Die Pässe sind offen. Es ist Zeit, die Grenzen zu überschreiten, die willkürlich unser Potential einschränken. Dieses Land ist euer Land. Es ist mein Land. Doch so, wie es uns gehört, gehören wir ihm. Der Heilige Ring kann nicht länger verleugnet werden. Der Kreis verlangt die Vollendung. Von Kalifornien zu den Inseln New Yorks. Vom Yukon bis zum Rio Grande.

Wie Sacagawea einst Lewis und Clark an die Küsten des Pazifik führte, so erwacht heute ein eingeborenes Bewußtsein, um unsere Technologie durch das ökonomische und politische Labyrinth der nächsten fünfundzwanzig Jahre zu führen. Wir wollen es achten. Und laßt uns mit unserer Inkarnation beginnen. *Wir* sind die Vogelstämme, die Ongwhehonwhe, das Volk der Wirklichkeit.

Epilog

Als die Schwitzhüttenzeremonie, die mir die erste Erinnerung an den Kreis der Gläubigen der Sterne wachgerufen hatte, vorüber war, fand ich mich in einem Zustand klarer, nonverbaler Bewußtheit wieder. Ich war der letzte, der die Hütte verließ. Ich schaute dem Manne tief in die Augen, der uns so wunderschön und unauffällig durch die alte uramerikanische Schwitzzeremonie geführt hatte. Ohne zu denken, sagte ich: „Argigatou gozaimasu."

Erst als ich später auf dem Rücken im eiskalten Wasser des Gebirgsflusses lag und mich am Mondlicht erfreute, das durch die überhängenden Bäume schien, wurde mir bewußt, daß ich ihm in einer anderen Sprache gedankt und er mir genauso geantwortet hatte — in perfektem Japanisch!

Glossar

Achtfältiger Pfad — die Schritte, die Gautama Buddha beschrieb, die zum Zustand des Nirwana führen — Freiheit von den Begrenzungen durch die materielle Welt

Adadarhoh — Häuptling der Onondaga und maßgeblich beteiligt an der Gründung des Irokesenbundes; auch Tadodaho genannt

Ayawentha — anderer Name für Hiawatha; siehe Hiawatha

Azteken — Nahuatl sprechendes Volk, das im fünfzehnten und frühen sechzehnten Jahrhundert ein großes Reich im heutigen Zentral- und Südmexiko regierte

Baum des Friedens — symbolische Darstellung für den Frieden. Auch ein wirklicher Baum, der an den Ufern des Onondagasees bei der Gründung des Irokesenbundes gepflanzt wurde.

Baum mit den Großen Langen Blättern — anderer Name für den Baum des Friedens

Baum des Krieges — symbolische Darstellung für den Krieg; das Gegenteil vom Baum des Friedens. Bei zwei Gelegenheiten benutzte Deganawida wirkliche Bäume, um den symbolischen Baum des Krieges darzustellen.

Bioregion — geographisches Gebiet, das durch seine geologischen und biologischen Kennzeichen beschrieben wird, wie die Appalachen, das Ozarkplateau, die Sahara, die Rocky Mountains; eine natürliche Art und Weise, die Gebiete der Erde zu unterscheiden.

Champlain, Samuel de — französischer Entdecker. Gründer von Quebec (1608) und Einiger der französischen Kolonien in Nordamerika.

Columba — geboren im Jahre 521 in County Donegal, Irland. Man schreibt ihm die Hauptrolle bei der Christianisierung Schottlands zu. Er ließ auf der Insel Iona eine Kirche und ein Kloster errichten.

Dakota — Sioux sprechendes Volk der nordamerikanischen Ebenen. Name von zwei Bundesländern der Vereinigten Staaten: Nord- und Süddakota

Deganawida — Begründer des Irokesenbundes, auch bekannt als der Große Friedensstifter. Beachte: Unter den heutigen Irokesen gilt es als unschicklich, den Namen Deganawida auszusprechen, außer von einem ausgewählten Menschen in einer heiligen Zeremonie oder Rezitation in einem der sechs Longhouses der Nation.

DNS — Desoxyribonukleinsäure, das Hauptmolekül, das Zellnuklein produziert, welches als Träger genetischer Information fungiert und diese von Generation zu Generation weitergibt.

Donnervogel — ein selten verwendeter Name für den Großen Geist, auch die Personifizierung von Donner, Blitz und Regen in einem großen Vogel. Siehe Großer Geist.

Donnerstämme — Engel, die Geflügelten. Siehe Vogelstämme.

Ego — subjektives, körperorientiertes Seinsgefühl, das mit den vergangenen Erfahrungen in einer gegebenen biologischen Form oder einer Folge dieser Formen zu tun hat. Der Verwalter der Ängste der materiellen Ebene, geschaffen, um für den physischen Körper zu sorgen. In einem gesunden Zustand ist das Ego die zweite Komponente der menschlichen Identität. Das zweite Selbst.

Eingeborene Amerikaner — Ausdruck für die Ureinwohner Amerikas, der immer mehr der Fehlbezeichnung „Indianer“ vorgezogen wird.

Erstes Selbst — das vorherrschende Seinsgefühl aller gesunden, bewußten Wesen. Der Ewig Eine, Gott. Siehe Großer Geist.

Etenoha — unsere Mutter, die Erde

Ewig Einer — siehe Großer Geist

Fall — Der Fall des menschlichen Bewußtseins von der Zentrierung in Gott zur Egozentrik, ein Ereignis, das den Beginn der menschlichen Geschichte verursachte, als die menschlichen Egos ihren ewigen Geist abwiesen. Die Trennung von Gott, die Tod und Krieg verursachte, der Zusammenbruch der Kommunikation zwischen Geist und Ego. Die Rebellion des Ego.

Feuervogel — ein besonderer Engelstamm innerhalb der Vogelstämme, auch (weniger gebräuchlich) einer der vielen Namen Gottes. Siehe Großer Geist.

Franz von Assisi — geboren um 1181 in Assisi, Italien. Er gründete einen religiösen Orden, der der Nachfolge von Christus und seinen Lehren gewidmet ist. Zusammen mit Katharina von Siena ist er der Hauptschutzpatron Italiens.

Fünf Nationen — die fünf Gründungsstämme des Irokesenbundes: Mohawk, Oneida, Onondaga, Kayuga, Seneca.

Gaha — Geist des Windes

Ganienkehaga — ein anderer Name für Mohawk, siehe Mohawk

Geflügelte — Engel, Geistwesen, siehe Vogelstämme

Großer Friede — Friede, der in ganz Nordamerika östlich des Mississippi durch den Irokesenbund eingeführt wurde. Der

Große Friede überdauerte eine Zeitperiode, die das 11., 12., 13. und Teile des frühen 14. Jahrhunderts miteinschlossen, wenngleich viele Historiker den Großen Frieden irrtümlich auf ein viel späteres Datum legen.

Großer Friedensstifter — siehe Deganawida

Großer Geist — das eine Wesen, dessen Entfaltung unser Universum geworden ist, die Quelle allen Lebens. Auch unter den folgenden verschiedenen und manchmal austauschbaren Namen bekannt, abhängig davon, welcher Aspekt betont werden soll: Mutter Gott, Vater Gott, Wakan Tanka, Ewig Einer, Mutter der Alten, Göttin, der Große Eine, Heiliger Geist, Großvater Aller, Höchster Einer, Ewiges Sein, Geist der Wahrheit, Große Mutter, Universelle Mutter, Feuervogel, Donnervogel, Quelle des Lebens.

Große Linie — lebendiger, gedrehter Faden, der die Membrane der Großen Unterscheidung webt. Siehe Große Unterscheidung

Große Seen — Seenplatte im östlichen Nordamerika: Oberer See, Michigansee, Huron-, Erie- und Ontariosee, — die gegenwärtige Grenze zwischen Kanada und den Vereinigten Staaten

Großer Tag der Reinigung — Periode, während der die Erde gereinigt wird und sich Liebe von Angst im menschlichen Bewußtsein scheidet. Nach den Mayas die Zeit zwischen 1987 und 2011. Für die Christen: das jüngste Gericht. Letzter Abschnitt in der Heilung der Menschen, die mit dem Erwachen der Erde als einem einzigen Wesen und dem Erwachen des Schöpfers im Bewußtsein der Menschen ihren Höhepunkt erreicht.

Große Unterscheidung — lebendige Membrane, die die Grenzen des Universums definiert, trennt existierende Strukturen von zukünftigen Strukturen, trennt Tonal und Nagual

Große Weiße Wurzeln des Friedens — symbolische Darstellung der Grundsätze, die Frieden und Einheit schaffen. Die Gründung des Friedens. Die Wahrheit. Die richtige Lebensführung.

Heiliger Kreis — siehe Medizinrad

Heiliger Ring — siehe Medizinrad

Heiliger Weg — ein Weg der ausgeglichenen Lebensführung in Harmonie mit dem Großen Geiste und allem Leben. Der Weg des Medizinrades. Auch der Weg der Balance, siehe Medizinrad. Im chinesischen: Tao

Hiawatha — Begleiter Deganawidas aus dem Stamme der Onondaga, einer der wichtigsten Männer bei der Begründung des Irokesenbundes. Auch Ayawentha genannt.

Hokseda — höheres Selbst, Geistselbst, siehe Vogelstämme. Wärtlich übersetzt: er nimmt diesen Menschen als Kind an, oder dieser Mensch ist sein Kind.

Huronen — irokesisch sprechender Stamm in Nordamerika in den Wäldern entlang des St. Lorenz Stromes

Hüter des Lichtkreises — Stämme, die das Licht der Wahrheit weiterhin ausdrückten. Menschen, die den Vogelstämmen die Treue hielten. Besondere Gruppen innerhalb der Vogelstämme.

Inkas — Südamerikanisches Volk, das zur Zeit der spanischen Eroberung 1532 ein Reich regierte, das sich von der pazifischen Küste bis zum Hochland der Anden erstreckte, von den nördlichen Grenzen des modernen Equador bis zum Rio Maule in Zentralchile.

Inkarnation — die Verkörperung eines Geistwesens in physischer Form; es läßt einen biologischen Körper wachsen, der den Geistkörper reflektiert und dann in diesen Körper spirituell, physisch, emotional und räumlich einzieht.

Inkarnationsprozeß — der Prozeß, durch den das Geistwesen bewußt in die biologische Form eingeht, der Prozeß des Erwachens, in dessen Verlauf der Hokseda oder höhere Selbst sich in einem Menschen stabilisiert.

Industrielle Revolution — der Wechsel von landwirtschaftlich bestimmter Ökonomie zur Dominanz maschineller Herstellungsweise, der im 18. Jahrhundert in England begann und sich von dort aus über andere Teile der Welt ausbreitete.

Innozenz III. — Papst von 1198 bis 1216, berief das Vierte Laterანische Konzil 1215 ein und gab die offizielle Zustimmung der katholischen Kirche zum Vorhaben des Franz von Assisi

Iona — kleine Insel vor der Westküste Schottlands, die lange für heilig gehalten wurde. Während des Mittelalters war Iona eine bevorzugte Begräbnisstätte für die Könige Schottlands, Irlands, Wales', Norwegens, Dänemarks und Englands.

Irokesen — eine Gruppe nordamerikanischer Stämme, die im oberen Staate New York und den umliegenden Gebieten lebten.

Irokesenbund — siehe Irokesenliga

Irokesenliga — politische und geistige Union der fünf irokesischen Nationen Mohawk, Oneida, Onondaga, Kayuga und Seneca. Nach 1722 wurden die Tuscarora in einer späten und wenig einflußreichen Wiederbelebung der Liga die sechste Nation, was zu der modernen Bezeichnung „Liga der sechs Nationen" führte. Sie wurde auch Liga der irokesischen Nationen und Irokesenbund genannt.

Jefferson, Thomas — dritter Präsident der Vereinigten Staaten von 1801 bis 1809, Hauptautor der Unabhängigkeitserklärung.

Karuk — eingeborener amerikanischer Stamm an der Westküste der Vereinigten Staaten

Kayuga — einer der fünf Gründungsstämme des Irokesenbundes, auch bekannt als die Menschen der Sümpfe.

Killarney — Seengebiet und Stadt in County Kerry, Irland

Kinder der Sterne — siehe Vogelstämme

Königreich des Himmels — Reich der göttlichen Ideen, der reinen Form in ihrer Essenz. Ein Zustand der Ganzheit, in der Gott und die Menschheit eins sind. Der gesunde Zustand. Bei den Christen der Aufenthaltsort Gottes, der Engel und der Seelen, die erlöst worden sind.

Kreis der Gläubigen der Sterne — eine besondere Versammlung von Geistwesen im Jahre 1945, die über die Notwendigkeit, sich zu inkarnieren, beratschlagte.

Kriegerstämme — die Stämme der Menschen, die Kriege führen und von egozentrischen Gedanken bestimmt sind

Michigansee — einer der großen Seen zwischen Michigan und Wisconsin

Lao Tse — Begründer des chinesischen Taoismus, Autor des *Tao Te Ching*

Leute der Ebene — eingeborene amerikanische Bewohner des Gebietes zwischen dem Mississippi und den Rocky Mountains, sowohl in den Vereinigten Staaten als auch in Kanada.

Leute des Feuersteins — siehe Mohawk

Leute der großen Hügel — siehe Seneca

Leute der Hügel — siehe Onondaga

Leute der stehenden Steine — siehe Oneida

Leute der Sümpfe — siehe Kayuga

Lewis und Clark — Europäische Entdecker, die zwischen 1804

und 1806 die erste dokumentierte Überlandexpedition von der Atlantikküste Nordamerikas bis zum Pazifik und zurück machten. Diese Expedition stand unter der Leitung von Meriwether Lewis und William Clark.

Liga der irokesischen Nationen — siehe Irokesenliga

Mayas — eingeborene amerikanische Rasse in Südmexiko und Zentralamerika, deren Zivilisation das Gebiet ungefähr vom Jahre 550 vor Christus bis 1400 nach Christus beherrschte. Weniger häufig wird die Bezeichnung für die Engelrasse gebraucht, die das Volk der Maya beeinflußte.

Mayakalender — alter Stundenplan, der von Bewohnern der Halbinsel Yukatan um 550 v. Chr. in Stein geritzt wurde. Eine detaillierte Analyse des Kalenders findet sich in dem kunsthistorischen Buch von José Arguelles *The Mayan Factor.*

Medizinrad — vollkommener Zyklus des gesunden Lebens in jeglichem System: universal, solar, irdisch, bioregional, sozial oder persönlich. Das Gesetz von Geben und Empfangen, das ein gesundes Leben ermöglicht. Die Summe aller eingeborenen amerikanischen Lehren. Auch Heiliger Ring oder Heiliger Kreis genannt.

Mohawks — Menschen des Feuersteins. Irokesisch sprechender nordamerikanischer Stamm, der ein Gebiet westlich vom heutigen Schenectady, New York, bewohnte. Eine der ursprünglichen fünf Gründernationen des Irokesenbundes. Innerhalb der Konföderation hatten sie den Titel „Hüter des östliches Ortes“. Sie werden auch Ganienkehaga genannt.

Mount Shasta — ein eindrucksvoller, zweigipfliger erloschener Vulkan in der Kaskadenkette Nordkaliforniens, der von den eingeborenen Stämmen für heilig gehalten wurde, was auch heute noch für viele Bewohner der Region gilt.

Mutter der Alten — einer der vielen Namen Gottes in seinem Weiblichen Aspekt, siehe Großer Geist

Mutter Erde — Geist der Erde in seinem femininen Aspekt. Etenoha

Mutteruniversum — das große Wesen, dessen Körper das Universum ist. Tonal. Siehe Großer Geist

Nagual — unendlicher See des Seins, der das Universum umgibt wie das Meer den Fisch. Es enthält die Muster für alle neuen Schöpfungen, das Reich der möglichen und unendlichen Energie, die nichtdimensionale Gegenwart Gottes, das, was keinen Namen hat. Jüdisch-christlich: Gott, der Vater.

Neue heilige Wirklichkeit — Zustand der Einheit, New Age, Königreich des Himmels

Neue Ordnung des Zeitalters — Worte, die auf das Große Siegel der Vereinigten Staaten von Amerika geschrieben sind, die das jetzt heraufdämmernde Zeitalter betreffen und es vorhersehen.

Olmec — präcolumbianische Zivilisation, die in den Tiefebenen des südlichen Veracruz und Tabasco in Mexico ihren Ursprung hatte. Unter ihnen waren einige der größten Bildhauer Mittelamerikas.

Omaha — Sioux sprechendes Volk der nordamerikanischen Ebene, die von der Atlantikküste westlich nach Nebraska wanderten.

Oneida — Menschen der stehenden Steine, einer der fünf Gründungsstämme des Irokesenbundes

Ongwhehonwhe — die Menschen der wahren Realität, die wahren Menschen, ein Begriff, der hauptsächlich von den Irokesen benutzt wurde, der sich aber (auch in diesem Buch) auf alle Menschen bezieht, in denen der Geist vollständig verkörpert ist, und in denen die Geist/Ego-Integration stattgefunden hat. Die Wahren Menschen. Die Ursprünglichen Wesen. Die ursprünglichen Schöpfer des Lebens.

Onondaga — Menschen der Hügel; einer der fünf Gründungsstämme des Irokesenbundes

Onondagasee — See im oberen Staate New York, nahe der heutigen Stadt Syracuse. Ort der Gründung der Liga und der Pflanzung des Großen Baumes des Friedens.

Ordnung der Zeitalter — siehe neue Ordnung der Zeitalter

Osage — Sioux sprechender nordamerikanischer Stamm. Die Osage wanderten von der Atlantikküste nach Westen und siedelten schließlich auf dem Ozarkplateau und den Prärien des heutigen westlichen Missouri.

Pilgrims — Siedler in Plymouth, Massachusetts, der ersten europäischen Siedlung 1620 in New England, Seperatisten der Church of England. Sie wanderten von Plymouth, England, zuerst in die Niederlande aus und dann nach Nordamerika.

Präcolumbisch — Begriff, der manchmal verwendet wird, um die Zeitperiode in Nord- und Südamerika zu bezeichnen, die der Entdeckung der beiden Kontinente durch Christopher Columbus 1492 vorausging.

Quetzalcoatl — eine Verkörperung der Vogelstämme in Mittelamerika, der später von den Azteken und Tolteken für einen Gott gehalten wurde und als gefiederte Schlange dargestellt wird.

Rebellion — siehe Fall

Regierungssystem der Vereinigten Staaten — Föderalistisches Regierungssystem, in dem der Nationalregierung bestimmte Rechte zustehen, alle anderen Rechte den einzelnen Staaten. Die Nationalregierung besteht aus der Exekutive, der Legislative und der Justiz, die einander kontrollieren und für Ausgewogenheit sorgen. Dieses System wird von den „Bill of Rights" (Anm. d. Übers.: Zusatzklauseln zu den Grundrechten) ergänzt, die allen Staatsbürgern der USA „unveräußerliche" Rechte garantiert.

Sacagawea — eine junge Frau von Stamme der Shoshonen aus den Rocky Mountains, die Lewis und Clark 1806 zum Pazifik führte.

Sachem — Titel, der zuweilen den gewählten Vertretern des Iroksenbundes gegeben wurde. Ursprünglich kein Wort der irokesischen Sprache.

Schildkröteninsel — Nordamerika

Schöpfer — siehe Großer Geist

Schwert der Wahrheit — Symbol für die Natur der Wahrheit. Das Schwert trennt die Wirklichkeit von der Unwirklichkeit, es unterscheidet Illusion von Realität.

Sechs Nationen — dem Irokesenbund schlossen sich nach 1722 außer den Mohawk, Oneida, Onondaga, Kayuga und Seneca auch die Tuscarora an.

Seneca — die Leute der großen Hügel; einer der fünf Gründungsstämme des Irokesenbundes, die innerhalb des Bundes den Titel „Hüter des westlichen Tores" trugen.

Sioux — ein eingeborenes amerikanisches Volk, das auf den Ebenen lebt. Auch eine der sechs Sprachfamilien, die man auf den Plains unterscheidet. Die Siouxsprachfamilie schloß die Mandan, die Hidatsa, die Crow, die Dakota-Assiniboin, die Omaha-Ponca-Osage-Kansa und die Iowa-Oto-Missouri mit ein.

Solarklan — Engel, Geister der Sterne, siehe Vogelstämme

Sonnengott — Solargottheit, das Wesen, dessen physische Form die Sonne ist, einer der Hauptaspekte des Großen Geistes, der zusammen mit der Erde die physische Basis für biologisches Leben in diesem Sonnensystem erschafft.

Stehendes Hohles Horn — Häuptling der Sioux zur Zeit von Weiße Büffelkalbfraus historischem Besuch

Tadodaho — eine Form von Adadarhoh, siehe Adadarhoh

Tao Te Ching — klassisches chinesisches Werk, das in einfachen, machtvollen Versen den Weg der Harmonie mit Gott und der Natur darstellt, eine chinesische Beschreibung des Heiligen Weges des Medizinrades.

Tolteken — Nahuatl sprechendes Volk, das vom 10. bis 12. Jahrhundert das heutige Zentralmexiko beherrschte.

Tonal — das Universum und alles, was darinnen ist. Existierende materielle Struktur. Alles, was benannt werden kann. Die universelle Mutter.

Tuatha de Danann — Ureinwohner, Einwohner Irlands vor den Kelten, eines der letzten europäischen Völker, in denen die Vogelstämme aktiv und verkörpert waren.

Tuscarora — ein Stamm der Irokesen, der 1722 den Überbleibseln des Irokesenbundes beitrat und ihm den Namen der Konföderation der sechs Nationen gab.

Ulikron — eine Verkörperung der Vogelstämme bei dem Stamm der Guaymi im Gebiet des heutigen Panama, auch „der Goldene der Sonne“ genannt.

Vogelstämme — spirituelle Wächter der Erde. Engelwesen. Menschlicher Geist oder (höheres) Selbst. Wesen, durch die der Große Geist auf der Erde erschafft. Früher auf diesem Planeten inkarniert. Ursprüngliche Schöpfer des Lebens.

Wakan Tanka — anderer Name für Gott; siehe Großer Geist

Wahre Menschen — die Menschen, in denen die Geist/Ego-Integration stattgefunden hat. Jemand, der vollständig inkarniert ist. Ein Mensch, der die Balance zwischen Zeit und Ewigkeit, Schöpfer und Schöpfung, Erde und Sonne, Geist und Materie verkörpert. Siehe Ongwhehonwhe.

Wambli Galeshka — der gefleckte Adler

Weiße Büffelkalbfrau — eine Verkörperung des Großen Geistes, die die Sioux die Zeremonie der Heiligen Pfeife lehrte.

Weißschwanz — Wildart, die vor allem im Gebiet der Irokesen vorkam.

Yukatan — Halbinsel im Südosten Mexikos, die das karibische Meer vom Golf von Mexiko trennt. Zentrum der Mayakultur.

Yukon — großer Fluß, der vom Yukongebiet im Nordwesten von Kanada westlich durch Alaska und in den Pazifik fließt.

Zweites Selbst — subjektives, körperorientiertes Individualitätsgefühl; siehe Ego

... weitere Bücher von

Ken Carey

im ch. falk-verlag ...

Ken Carey

SternenBotschaft

Das geeinte Bewußtsein

Die andere Wirklichkeit

Der Schatten zukünftiger Schöpfung

Ein Augenblick der Ewigkeit

Bewegliche Städte aus Licht

Ein psychischer Prozeß

Der Tanz des Lebens

Planetarische Symphonie

Inseln der Zukunft

Die lebendige Botschaft

Belehrungen des Geistes

Ein offenes Ende und ein neuer Anfang

ch. falk-verlag

ISBN 3-924161-08-9

Ken Carey

Vision

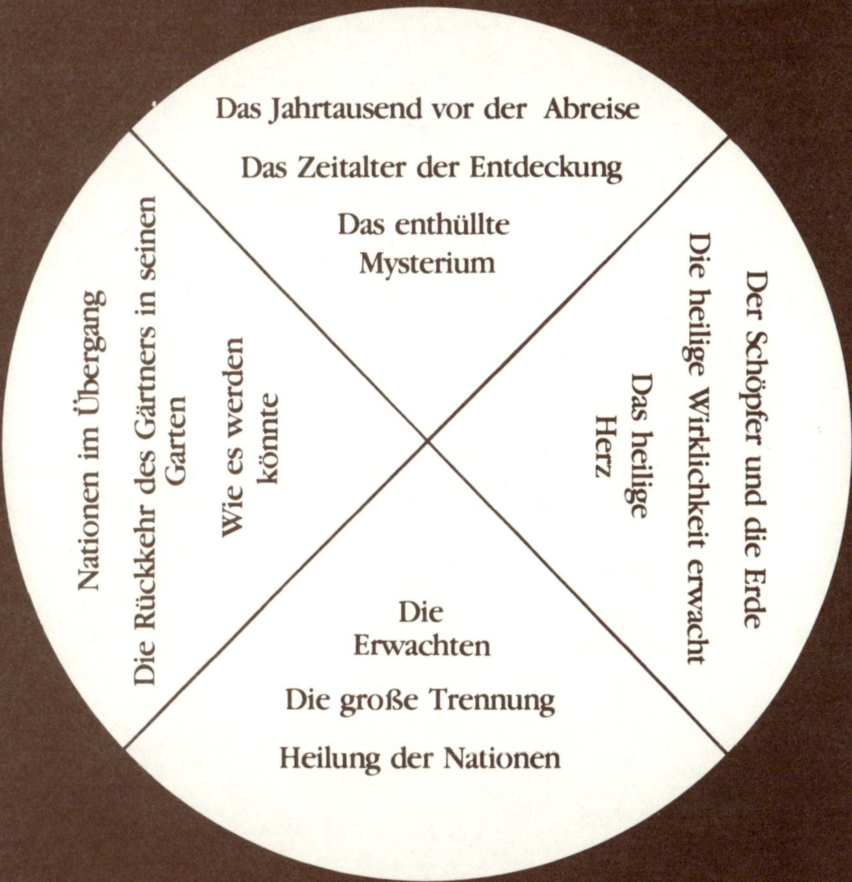

das Buch von der Zukunft

ISBN 3-924161-09-7